W0222961

DAS SCHWARZE HAMBURG-BUCH

Mord, Skandal, Gewalt und Schrecken
in der schönsten Stadt der Welt

Michele Avantario und Klaus Sieg
Fotos von Thomas Henning

JUNIUS

Inhalt

Vorwort 6

Club 77. Der „Italiano“ im Kofferraum 8

Hoch verschuldet, gut versichert. Ein Brandstifter in den Alsterarkaden 10

Disziplinarmacht an der Alster. Das Zucht- und Werkhaus 12

Ein lebendiges „Feuerzeichen“. Die Selbstverbrennung eines AKW-Gegners 16

Sportliche „Spitznasen“. Ein Polizeimeister als Bankräuber 20

„Urgicht“ und „Schadenzauber“. Hexenprozesse am Niedergericht 24

Schwarzer Freitag für die Pressefreiheit. Die Spiegel-Affäre 28

Dagobert mit Düsentrieb. Ein erfindungsreicher Kaufhauserpresser 32

Reichswehr gegen Hungeraufstand. Die „Sülzeunruhen“ 34

Zyklon B. Tödliche Geschäfte im Meßberghof 38

Ronald Barnabas Schill. Ein verhaltensauffälliger Innensenator 42

Nur für Auserwählte? Der Atombunker am Hauptbahnhof 44

Bunker-Hochburg Hamburg 48

„Vernichtung lebensunwerten Lebens“. Euthanasie in den Alsterdorfer Anstalten 50

Der NS-Terror in Hamburg 54

Fahndung nach „Kora“. Die erste Tote der RAF 56

Hamburg als Schauplatz des RAF-Terrors 60

Kaltblütige Hinrichtung. NSU-Mord an einem Gemüsehändler 62

Rechtsextreme Gewalt: Hamburgs brauner Faden 66

Ein Gentleman-Verbrecher. Der Lord von Barmbeck 68

Selbstjustiz in Barmbek. Der Fall Andi Z. 70

Hochsicherheitsnest. Der Paranoiker Thomas F. im Liebeswahn 74

Gegen die Wand. Crash-Kid Dennis 76

Nackte Leichen im Nachkriegswinter. Der Trümmermörder 78

„Wider den undeutschen Geist“. Befremdliches Erinnern am Kaifu 80

Ein tödliches Geheimnis. Der „Horrorcrash“ von Eppendorf 82

Tödliche Drogenpolitik. Brechmitteleinsatz am UKE 86

Mohammed Atta. Der Schläfer an der Nerd-Uni 88

Doppelter Triebwerksbrand. Notlandung auf der A7 92

Tödlicher Gleisbruch. Zugunglück in Hohenfelde 96

Guillotine im Gefängnishof. 98
Hinrichtungen am Holstenglacis

Schaltzentrale und Folterkeller. 100
Das Gestapo-Quartier an der Stadthausbrücke

Heldentod in Nienstedten. 102
Der Untergang der „Primus“

„Gern hab’ ich die Frau’n gesägt“. 106
Fritz Honka

Ein ganz normaler Nachbar. 110
Der Säuremörder im Reihenhaus

Der Wahnsinn eines Fans. 112
Messerattacke auf Monica Seles

„Sexy Cora“. Tödliche Schönheits-OP 114
in der Alster-Klinik

Größte Fälschung aller Zeiten. 118
Die Hitler-Tagebücher

Spione gegen Waffenhändler. 120
Bomben im Kaiser-Wilhelm-Hafen

Der Hamburger Hafen: Tor zum Tod 124

Tod auf dem Gleis. 126
Ein Demo-Toter im Schanzenbahnhof

Angel Place. 130
Ein Platz für Rocker

„Exitus triumphalis“. 134
Der Abtritt des Mucki Pinzner

Bandenkriege im Hamburger Rotlicht 136

Eine blutrote Buche. 138
Der Richtplatz von St. Georg

Scharfschützen am Steindamm. Der erste „finale Rettungsschuss“ 140
Tod durch Taucherkrankheit. Die Opfer beim Bau des Elbtunnels 142
Granatenstimmung im „J’s“. Ein Disko-Bomber im Bunker 146
Elisabeth Wiese. Die „Engelmacherin“ von St. Pauli 148
13 Stunden Willkür. Der „Hamburger Kessel“ 152
Schwulen-Spitzel am Spielbudenplatz. Hamburgs zweite Spiegel-Affäre 154
Elbkarte und Freibrief. Hamburgs freche Fälschungen 158
Ein skrupelloser Sklavenhändler. Heinrich Karl von Schimmelmann 160
„Ich liebe euch“. Der Hochstapler Jürgen Harksen 162
Zeitbombe im Energieberg. Die Dioxin-Deponie in Georgswerder 166
Altlasten bleiben lange jung 170
Ein perfekter Mord? Der Lottomillionär im Ölfass 172

Impressum 176

Vorwort

Hamburg präsentiert sich gern als blitzblanke Metropole mit glanzvoller Historie. Seine hässlichen Seiten und die dunklen Flecken der Stadtgeschichte bleiben dagegen meist im Verborgenen. Dabei sind die Schauplätze von Mord, Skandal, Gewalt und Schrecken allgegenwärtig - wenn man um ihre Vergangenheit weiß. Mitunter weisen noch Spuren auf die Schatten früherer Ereignisse hin, in der Regel aber hat die Zeit alle Zeichen vergangenen Unrechts verschluckt.

Dieses Buch wirft einen Blick in die zahlreichen Abgründe, die sich in der langen Geschichte der Hansestadt und ihrer jüngeren Kriminalgeschichte auftun. Es führt zu Orten, die heute unscheinbar wirken, aber einst Schauplatz von Mord und Totschlag, von politischem Terror und staatlicher Willkür, von Selbstjustiz, Gangstertum, schweren Betrugsfällen und tragischen Unglücken waren.

Als Ausgangspunkt der Darstellung dient jeweils ein Tatort, ein Fundort oder ein Standort, in einem Fall ist es ein Abort. Manche der geschilderten Ereignisse dürften einen festen Platz im kollektiven Gedächtnis der Stadt haben. Andere sind längst vergessen oder verdrängt.

Weil die Hamburger Geschichte an Grausamkeiten reich und das Spektrum des Schreckens breit ist, kann die Auswahl der Fälle für dieses Buch nur schlaglichtartig sein. Einige Kapitel werden durch Überblickstexte ergänzt, die den jeweiligen Fall in seinen größeren Zusammenhang innerhalb der dunklen Historie Hamburgs stellen.

Holstenstraße 77, Altona-Altstadt

Club 77. Der „Italiano" im Kofferraum

Nur seine Fassade wurde hin und wieder mal erneuert. Ansonsten sieht der würfelartige Anbau in der Holstenstraße noch so aus wie Anfang der 1980er Jahre. Die Betreiber des Bordells, das damals hier eröffnete, haben längst gewechselt. Neonlicht in Pink und Lila sind das Markenzeichen des heutigen „Seventy-Seven". Dass diese unscheinbare Adresse berüchtigt ist, geht vor allem auf zwei Ereignisse zurück, die Teil der lokalen Kriminalgeschichte geworden sind.

Nach einem Streit mit den Bediensteten wurden im Oktober 1988 vor dem Eingang zwei Clubgäste niedergeschossen. Die Täter entkamen, der Fall blieb unaufgeklärt. Obwohl es wie ein Auftragsmord aussah, konnte dem Inhaber Nevzat Aktuglu, genannt „Italiano", nichts nachgewiesen werden. Danach sorgte der „Club 77" durch Waffenschmuggel, Drogen- und Menschenhandel weiterhin für Schlagzeilen. 1998 nahm die Ära des „Italiano" dann ein brutales Ende. Während eines Raubüberfalls in seiner Wohnung, bei dem 400.000 D-Mark erbeutet wurden, erschossen die Täter Aktuglus Lebensgefährtin. Die Leiche des „Italiano" fand man fünf Tage später im Kofferraum seines Mercedes, der, nicht weit vom Club entfernt, in der Billrothstraße geparkt war.

Wieder gab es keine heiße Spur, die Polizei tappte im Dunkeln. Ein Fall wie gemacht für „Aktenzeichen XY ungelöst". Im März 1999 widmeten sich die ZDF-Ermittler dem Doppelmord. Allerdings ohne Erfolg.

77
ITY SEVE

Hoch verschuldet, gut versichert. Ein Brandstifter in den Alsterarkaden

Wenig deutet darauf hin, dass die „historische" Fassade eigentlich ein Nachbau von 1992 ist. Längst hat auch sie Patina angesetzt. An der Halterung der Markise von Ladage & Oelke blüht sogar schon ein wenig Rost. Der Herrenausstatter war Erstbezieher der nach venezianischem Vorbild von dem Architekten Alexis de Chateauneuf entworfenen Alsterarkaden. Sie bildeten das neue Herz der nach dem Großen Brand von 1842 vollständig zerstörten Innenstadt. Die Alsterarkaden verdankten ihre Entstehung also einem Großfeuer. Und ein Feuer war es auch, das sie am 31. Dezember 1989 vernichtete.

Am frühen Morgen hatten zwei Polizisten es zufällig entdeckt. Wenig später bedeckte eine fast geschlossene Flammenwand die Fassade. Im Inneren fraßen sich die Flammen durch die Geschosse. Teile der Veranda stürzten brennend auf die Steintreppe an der Kleinen Alster. Erst in der Nacht hatte die Feuerwehr den Brand unter Kontrolle. Hamburg war geschockt - über die Zerstörung des unübertrefflich hanseatischen Herrenausstatters vielleicht noch mehr als über die des historischen Gebäude-Ensembles.

Ermittler fanden heraus, dass der Betreiber der „Vegetarischen Gaststätte" in der ersten Etage, dem ältesten fleischlosen Restaurant der Stadt, das Feuer gelegt hatte. Der Gastronom war hoch verschuldet - und gut versichert. Im Treppenhaus, das von der Mellin-Passage aus in die Räume der ehemaligen „Vegetarischen Gaststätte" führt, leuchten heute rote Feuermelder. „Scheibe einschlagen, Knopf tief drücken", steht darauf zu lesen. Falls es mal wieder brennt.

KUNSTHANDEL

Disziplinarmacht an der Alster. Das Zucht- und Werkhaus

Der Ballindamm ist eine der besten Geschäftsadressen Hamburgs. Finanzdienstleister und renommierte kleine Läden reihen sich entlang der Straße. In der Europa Passage werben Dutzende von Filialen der großen Einkaufsketten um die Gunst der Verbraucher. Gegenüber mündet die Binnenalster in die Kleine Alster, um sich ihren Weg durch die Fleete zur Elbe zu bahnen. Das Ufer bietet genügend nette Plätze, um sich vom Einkaufen auszuruhen, auf das Wasser zu blicken und die zahlreichen Vögel zu füttern. Am benachbarten Anleger lockt ein gemütliches Alsterdampfer-Lokal mit einer herrlichen Terrasse. Ein perfektes Bild aus dem Prospekt des Stadtmarketings.

In unmittelbarer Nähe zum Zentrum gelegen, herrschte in dieser Gegend bereits im Mittelalter und in der Neuzeit eine dichte Bebauung, mit Häusern, Höfen, Plätzen und Kirchen. Eine Einrichtung, die von 1618 bis 1842 dort stand, wo heute die Straße Alstertor auf den Ballindamm trifft, genoss bei der Bevölkerung keinen guten Ruf: Das Zucht- und Werkhaus war eine Haft- und Strafanstalt, in die Mitglieder sozialer Randgruppen eingewiesen wurden, ohne rechtmäßig verurteilt worden zu sein. Vagabunden, Verarmte und Verwaiste, die zuvor in den Gassen der Stadt gehaust hatten, mussten sich als Insassen ihre Verpflegung unter disziplinarischem Druck erarbeiten. Für Frauen, die eines „incorrigiblen" Lebenswandels, der Prostitution oder des Diebstahls bezichtigt worden waren, entstand 1669 an der Zuchthausstraße zusätzlich das Spinnhaus. Auch hier galt: Wer nicht schaffte, bekam nicht nur nichts zu essen, sondern musste den ande-

sieh die
Warheit

ren Insassen auch beim Essen zuschauen. Wie historische Darstellungen zeigen, wurden die Arbeitsverweigerer dafür auf alte Wagenräder gebunden und direkt über die Tafel gehängt, sodass sie ihre Blicke schwerlich von den Speisenden abwenden konnten.
Unter französischer Besatzung ging Hamburg dazu über, die Armenfürsorge auszugliedern. Mit dem Großen Brand wurde die ungeliebte Institution an der Binnenalster zerstört. Im anschließend errichteten Werk- und Armenhaus auf der Uhlenhorst gehörten Züchtigung und Bestrafung zwar nicht mehr zur gängigen Praxis. Dennoch unterstand es bis 1893 weiterhin der städtischen Gefängnisverwaltung.
Heute befindet sich an der Finkenau ein Neubau des größten privaten Pflegeheimbetreibers Hamburgs. Das Unternehmen wirbt mit dem Motto „In Gemeinschaft leben“ und einem Erfolgskonzept auf Basis vierhundertjähriger Erfahrung. Der finsteren Seite in der Geschichte des Zucht- und Werkhauses widmet sich dagegen seit 2012 das Gruseltheater „Hamburg Dungeon“ mit einer Show, die ihren Besuchern „Willkür, Wahnsinn, Wut!“ verspricht.

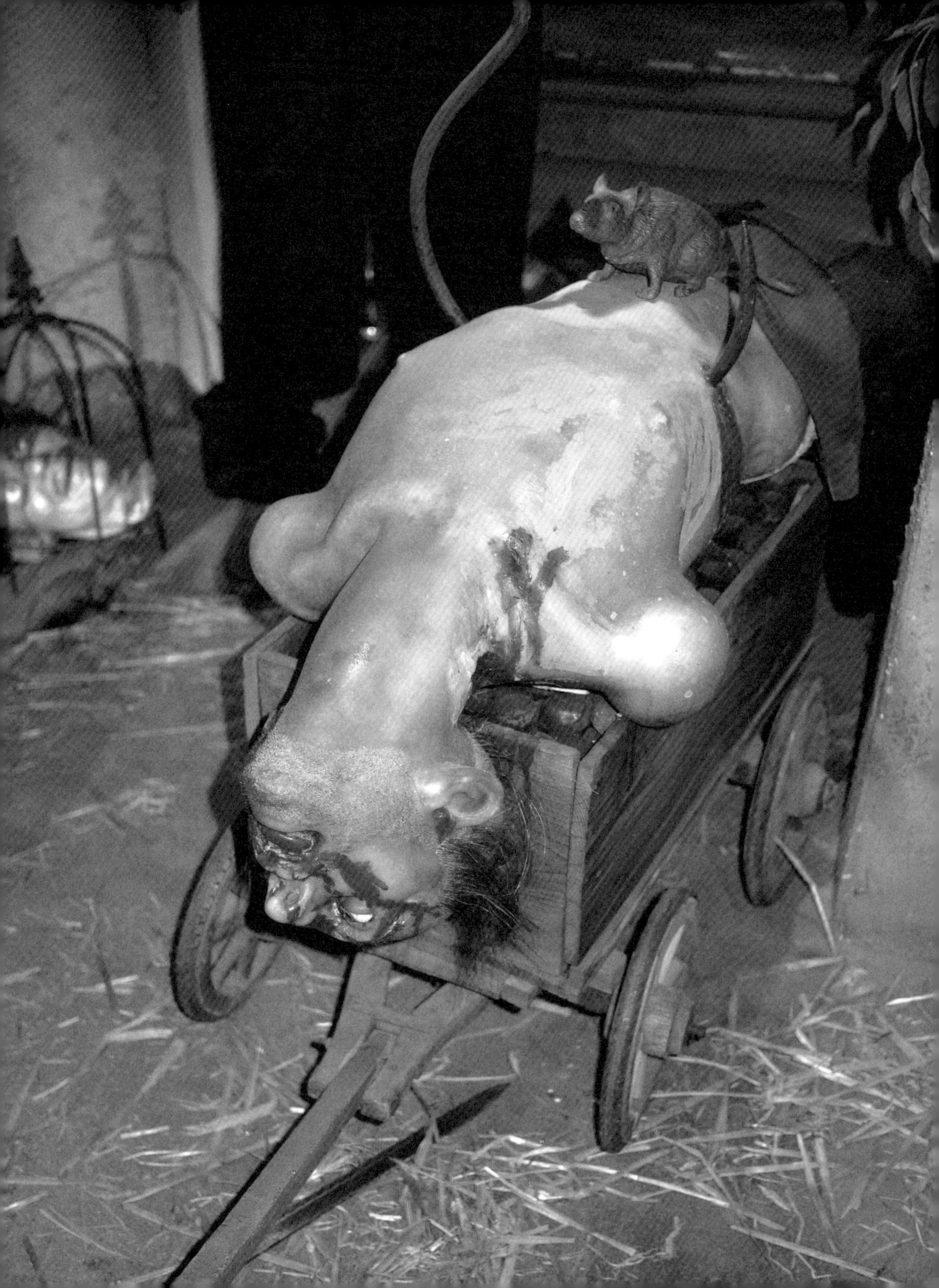

Ein lebendiges „Feuerzeichen“. Die Selbstverbrennung eines AKW-Gegners

Jahrzehntelang brannte hier nur eine Kerze zum Gedenken. Erst seit Kurzem erinnert eine graue Tafel an einer der Säulen zur Mönckebergstraße hin an den dramatischen Tod des AKW-Gegners Hartmut Gründler.
Nur wenige Meter entfernt von der Tafel mit seinem Konterfei und einem kurzen Text griff der Aktivist 1977 zu einem der radikalsten Protestmittel, die Menschen wählen können: Er verbrannte sich selbst. Der Tübinger Lehrer war am Nachmittag des 16. November allein zur Hauptkirche St. Petri gefahren. Bei sich hatte er an diesem Buß- und Bettag einen Kanister und ein Exemplar von Helmut Schmidts Buch „Als Christ in der politischen Entscheidung“. Der 47-jährige Gründler übergoss sich mit Benzin und zündete sich an. Die Besatzung eines Streifenwagens entdeckte den brennenden Mann und brachte ihn ins Krankenhaus St. Georg. Achtzig Prozent seiner Haut waren zerstört.
Der Umweltaktivist wollte ein „Feuerzeichen“ setzen, um gegen den Atomkurs der SPD zu protestieren. Die hielt zur selben Zeit mit ihrem Bundeskanzler Helmut Schmidt im Congress Center Hamburg (CCH) einen Parteitag ab. Eigentlich hatte Gründler vor dem CCH einen Hungerstreik geplant. Unterstützer sollten einen Wohnwagen aufstellen. Weder der Wohnwagen noch die Unterstützer waren da. Gründler war tief enttäuscht. In seinem Abschiedsbrief wandte er sich unter anderem an Kanzler Schmidt, der sich mit einem Großteil der SPD ausdrücklich zur Kernenergie bekannte. Gründler protestierte in dem Brief gegen „Profitgier und Dummenfang“, „fortgesetzte regierungsamtliche Falschinformation“.

Bei der Petrikirche 2, Altstadt

Die Auseinandersetzungen um die Atomkraft hatten sich im Jahr 1977 sehr verschärft. Erst drei Monate vor Gründlers Selbstverbrennung war es in dem südfranzösischen Ort Malville, wo der Brutreaktor Superphénix gebaut werden sollte, zu einem ersten Toten der Anti-AKW-Bewegung gekommen. Wie im Krieg hatten französische Spezialeinheiten die Demonstranten mit Nebel und Gasgranaten beschossen. Der junge Lehrer Vital Michalon kam ums Leben, als vor ihm eine Granate explodierte. Einem deutschen Demonstranten riss eine Granate den Fuß ab.
Bereits zu Beginn des Jahres war in Deutschland neben den umstrittenen Standorten in Brokdorf, Wyhl, Krümmel oder Brunsbüttel die Bestimmung eines weiteren Schauplatzes der Auseinandersetzungen bekanntgegeben worden: Gorleben als atomares Endlager, das bis heute die Öffentlichkeit beschäftigt.
Pfarrerskind und Gandhi-Anhänger Hartmut Gründler war früh in der Anti-AKW-Bewegung engagiert. Nach einer kurzen Tätigkeit im marxistisch-leninistischen Tübinger „Komitee für Umweltschutz“ gründete er den „Bund für Umweltschutz“. Doch der eigene Verein schloss ihn aus, weil Gründler sich nicht an Mehrheitsbeschlüsse halten wollte. Er gründete neue Initiativen und arbeitete zum Teil mit rechten Gruppierungen zusammen, die damals in der Ökobewegung keine Seltenheit waren. Seine scharfzüngigen Essays sorgten für Aufsehen. Darin attackierte er die Weichspültaktik der Atomlobby, die lieber von „Kernenergie“ sprach, um nicht die „sachlich zutreffende Assoziation“ zur Atombombe zu wecken. Stattdessen würden die Befürworter auf „höchst liebenswerte“ Assoziationen zu „Haselnußkernen, Kernobst, kernig, kerngesund“ setzen.
Hartmut Gründler war bekannt mit fast allen prominenten Vertretern der Bewegung, ob Robert Jungk, Jens Scheer

oder Petra Kelly. Er war Initiator unzähliger Sammelklagen, schrieb Abgeordneten, Ministern und sogar dem Papst, kämpfte mit Fastenaktionen und später Hungerstreiks. Aber er war ein einsamer Einzelgänger. Der Atomausstieg nach Fukushima hätte ihm wie vielen anderen Aktivisten Jahrzehnte später sicher Genugtuung verschafft. Damals aber wehte ihnen aus einer großen Koalition von Befürwortern ein scharfer Wind entgegen. Helmut Schmidt sagte auf dem SPD-Parteitag, er lasse sich nicht eine Politik, die zahlreiche Arbeitsplätze schaffe, von einem „wohlmeinenden Idealisten“ kaputtmachen. Fünf Tage später starb Hartmut Gründler, ohne vorher noch einmal aus dem Koma zu erwachen.

Sportliche „Spitznasen". Ein Polizeimeister als Bankräuber

Nach ihrer Fahrt am Hafen entlang bohrt sich die U-Bahn-Linie 3 kurz vor dem Adolphsplatz wieder unter die Erde. Die hundert Jahre alte Tunneleinfahrt wurde vor wenigen Jahren mit dem Haus eines Schulungszentrums der Handelskammer überbaut. Dessen Rückseite wirkt wie ein überdimensioniertes Eingangsportal für den Zug in Richtung Rathausmarkt. An den Gleisen erinnert ein kleines Schild die Schienenarbeiter, dass auf dem folgenden Streckenabschnitt „nur 50 cm Schutzraumbreite" herrscht. Das reicht gerade, um den ständig vorbeifahrenden Waggons auszuweichen. Aber auch als Fluchtweg. Zum Beispiel für den sportlichen Bankräuber, der am 1. Juni 1959 die Zentrale der Deutschen Bank am Alten Wall überfiel und dabei 20.000 D-Mark erbeutete. Eine ganze Serie solcher Fälle sorgte in den 1950er und 1960er Jahren für Verunsicherung bei Polizisten und Bankangestellten in Hamburg und Umgebung. Ob es Filialen in Reinbek, Aumühle, Bispingen, Bardowick, Altona, Groß Flottbek oder in der Hamburger Innenstadt traf, der Vorgang war immer der gleiche: Ein mittelgroßer Mann mit Mütze und Dreieckstuch vor dem Gesicht trat mit gezückter Pistole und knappen Befehlen vor die Kasse. Wurde ihm das Geld nicht sofort ausgehändigt, sprang er kurzerhand über den Schalter und bediente sich selbst. Danach türmte er so schnell, wie er aufgetaucht war. Die Coups dauerten jeweils nur wenige Minuten.
Aufgrund von Zeugenaussagen, die dem maskierten Räuber eine prägnante Nase attestierten, bezeichneten lokale Zeitungen den Serienräuber bald als „Spitznase". Auch die Polizei nahm an, dass es sich in allen Fällen um

denselben Täter handelte, und überprüfte, allerdings erfolgslos, zahlreiche „spitznasige“ Hamburger. Die Fingerabdrücke, die man an den Tatorten fand, führten lediglich zu der Erkenntnis, dass dieser Gauner noch nicht registriert war.

Bei Hugo Alffcke, der nach seinem letzten Versuch, eine Bank zu überfallen, 1965 in Delmenhorst geschnappt wurde und in Verdacht geriet, auch für die Hamburger Überfälle verantwortlich zu sein, wäre das nicht weiter erstaunlich gewesen. Alffcke war nämlich Staatsdiener und tauchte in keiner Verbrecherkartei auf. Der zweifache Vater arbeitete als Polizist im Präsidium am Berliner Tor, sein Monatsgehalt betrug 1.250 D-Mark. Er galt als besonnen und eher passiver Mensch. Seinen Feierabend verbrachte er gern im Schrebergarten. Und manchmal raubte er eben, quasi im Vorbeigehen, vorher noch eine Bank aus. So soll Alffcke innerhalb von fünf Jahren insgesamt etwa 250.000 D-Mark gestohlen haben. Einen Teil schenkte er seiner Tochter als Mitgift.

Vor Gericht gestand der 51-Jährige zwar mehrere Einbrüche und Banküberfälle. Allerdings nur jene im Hamburger Umland. Indem er bestritt, „die Spitznase“ zu sein, distanzierte er sich von all den anderen Überfällen, zum Beispiel auf die Banken im Hamburger Zentrum, bei denen es zu Schießereien kam und Menschen verletzt wurden. Auch die Täterschaft für die wohl dreisteste Aktion konnte er vor Gericht erfolgreich zurückweisen: einen Überfall auf die Dresdner-Bank-Filiale in unmittelbarer Nähe seines Arbeitsplatzes. Die Staatsanwaltschaft konnte ihm keine weiteren Straftaten nachweisen und verurteilte Alffcke zu einer Freiheitsstrafe von zwölf Jahren.

Blitzüberfälle im Stile Alffckes und anderer „Spitznasen“ blieben bundesweit noch für längere Zeit eine be-

liebte Maßnahme der Geldbeschaffung. Die ungeschützten Kassen würden geradezu zu Straftaten auffordern, äußerte ein Hamburger Kriminalkommissar damals gegenüber der Presse. Erst nach und nach gingen die Geldinstitute dazu über, die Schalter ihrer Filialen (und damit auch ihre Angestellten) durch Panzerglaskabinen, Alarmanlagen und Videoüberwachung abzusichern. Eine Bewaffnung der Bankangestellten wurde ebenfalls diskutiert.
Wer im Juni 1959 mit dem gestohlenen Geld in den U-Bahn-Tunnel flüchtete, konnte ebenso wie viele weitere Raubüberfälle in Hamburg und Umgebung nie aufgeklärt werden. Alffcke hätte die dafür nötige Kaltschnäuzigkeit wohl besessen. Doch auch wenn er nicht für alle Banküberfälle verantwortlich war, die „der Spitznase" zugeschrieben wurden: Seine Geschichte zeigt, wie schmal der Grat zwischen Gesetzeshüter und Gesetzesbrecher sein kann.

„Urgicht" und „Schadenzauber". Hexenprozesse am Niedergericht

Die „Patriotische Gesellschaft" wurde 1765 als „Hamburgische Gesellschaft zur Beförderung der Künste und nützlichen Gewerbe" gegründet. Sie gehörte zu den treibenden Kräften der Aufklärung in Hamburg und engagiert sich noch heute stark im sozialen und kulturellen Bereich. Ihr Haus an der Trostbrücke ist schon wegen der kunstvoll geklinkerten Fassade sehenswert. Nicht immer ging es hier aber fortschrittlich und aufklärerisch zu. Am jetzigen Standort der „Patriotischen Gesellschaft" befand sich nämlich vom 13. bis 19. Jahrhundert nicht nur das Machtzentrum Hamburgs, sondern neben Rathaus und Börse tagte in einem Anbau auch das Niedergericht. Bis in die Frühe Neuzeit war diese Justizeinrichtung erstinstanzlich für Zivil- und Strafsachen zuständig. Darunter fielen auch „peinliche Angelegenheiten" wie Zauberei und Hexerei.
Verglichen mit anderen Städten und Regionen, allen voran im katholisch geprägten süddeutschen Raum, tat sich die damalige Hamburger Justiz in der Verfolgung von sogenannten „Veneficae", „Maleficae" und „Incantatrices" nicht besonders hervor. Der Begriff „Hexe" wurde hier kaum verwendet. Dennoch verschärfte sich mit der Veröffentlichung und Verbreitung des „Hexenhammers" allmählich auch die lokale Rechtsprechung. So soll es, vorwiegend im 16. Jahrhundert, mindestens vierzig Prozesse gegeben haben, deren meist weibliche Angeklagte wegen „Wahrsagerei", „Giftmischerei", „Schadenzauber" oder „verbotener Heilkunst" hingerichtet wurden. Die Anklage basierte in der Regel auf Indizien und Vermutungen. Eine der Frauen, die in die Mühlen der frühneuzeit-

lichen Hamburger Justiz gerieten, hieß Abelke Bleken. Die Bäuerin aus Ochsenwerder wurde 1583 verbrannt, weil sie einen Pakt mit dem Teufel eingegangen sein und damit Tod und Unheil über ihre Nachbarschaft gebracht haben sollte. Ihre „Urgicht“, das unter Qualen erzwungene „Geständnis“, in dem Bleken angeblich sogar einräumte, Geschlechtsverkehr mit dem Satan gehabt zu haben, ist das einzige überlieferte Folterprotokoll dieser Art in der Stadtgeschichte. Eine nach ihr benannte Straße in einem Neubaugebiet Ochsenwerders sowie ein Gedenkstein im „Garten der Frauen“ auf dem Ohlsdorfer Friedhof erinnern seit 2015, stellvertretend für viele namenlos gebliebene Opfer der Hexenverfolgung in Hamburg, an Abelke Bleken.
Die letzten Hamburger Hexereiprozesse fanden im 17. Jahrhundert statt. Danach fiel das alte Rathaus samt Niedergericht gewissermaßen selbst den Flammen zum Opfer: Um den Großen Brand einzudämmen, wurden die Gebäude im Mai 1842 gesprengt. Allerdings vergeblich: Weil die Trümmer noch genügend brennbares Material enthielten, konnte sich das Feuer über die geplante Schneise hinaus weiter ausbreiten.

GLOBUS
VERSICHERUNGS-
AKTIEN-GESELLSCHAFT
Die schon im Jahre 1266 genannte Trostbrücke, einst geschmückt
mit dem Trost der Christenheit, dem Crucifix, verband die seit des

Schwarzer Freitag für die Pressefreiheit. Die Spiegel-Affäre

Nur die Redaktion der „Zeit" residiert heute noch in dem Klinkergebäude mit den umlaufenden Arkaden. Bis in die 1960er Jahre saßen in dem Pressehaus auch der „Stern" und „Der Spiegel". Gebaut wurde es 1938 für das nationalsozialistische „Hamburger Tageblatt". An diese Zeit, in der die Pressefreiheit außer Kraft gesetzt war, dürften sich manche Redakteure des „Spiegel" erinnert gefühlt haben, als am Abend des 26. Oktober 1962 Uniformierte ihre Redaktionsräume unter dem Vorwurf des Landesverrats stürmten, durchsuchten und besetzten. Der „Spiegel" hatte behauptet, die Bundesrepublik habe im Falle eines sowjetischen Angriffs keine Chance, sich erfolgreich zu verteidigen. Als Grund nannte das Magazin die zu dieser Zeit propagierte Strategie des atomaren Erstschlags und die damit verbundene Rüstungspolitik des damaligen Verteidigungsministers Franz Josef Strauß.

Die Redakteure im Pressehaus hatten an diesem schwarzen Freitag Angst um ihr Leben. Schließlich hatten viele von ihnen die NS-Zeit miterlebt und wussten, zu was die Staatsmacht und ihre Sicherheitskräfte in der Lage waren. Außerdem waren an der Aktion in Hamburg zahlreiche Ex-Nazis beteiligt. Für das Bundeskriminalamt leitete Theo Saevecke den Einsatz. Das überzeugte Mitglied der NSDAP und der SS hatte seine Entnazifizierung nur durch eine geschönte Biografie erreicht. Als Chef der Gestapo in Mailand hatte Saevecke mehrere Geiseln zur Vergeltung erschießen lassen, wofür ihn 1999 ein italienisches Gericht in Abwesenheit zu lebenslanger Haft verurteilte. Als oberster Justizvertreter war Siegfried Buback im

Pressehaus vor Ort, auch er ein ehemaliges Mitglied der NSDAP. Buback suchte tagelang im Pressehaus nach verräterischen Dokumenten.
Redaktion und Archiv des Nachrichtenmagazins waren vier Wochen lang lahmgelegt. Mehrere Redakteure kamen ins Gefängnis, der Herausgeber Rudolf Augstein für ein Vierteljahr. Sie alle mussten am Ende freigelassen werden. Niemand wurde verurteilt.
Letztlich stärkte die Affäre die Pressefreiheit und die Zivilgesellschaft der jungen Bundesrepublik. Unmittelbar nach der Besetzung gab es bundesweite Proteste und breite Solidaritätsbekundungen von Journalisten. So ließen etwa mehrere Verlage die Redakteure des „Spiegel" in ihren Räumen arbeiten.
Der „Spiegel" hatte bis 1962 politisch vieles bewirkt, zum Beispiel das Verbot der neonazistischen „Sozialistischen Reichspartei" vorangetrieben, einen korrupten Finanzminister aus Rheinland-Pfalz zum Rücktritt gebracht und einen Beamten aus der unmittelbaren Umgebung Konrad Adenauers der Korruption überführt.
Im Zuge der Spiegel-Affäre versuchte nicht nur Franz Josef Strauß seinen persönlichen Gegner Rudolf Augstein zum Schweigen zu bringen, sondern eine unheilvolle Allianz aus Staatsschutz, Politik und Justiz nahm die Pressefreiheit ins Visier. Und das Klinkergebäude am Domplatz lag genau in ihrem Fadenkreuz.

Dagobert mit Düsentrieb. Ein erfindungsreicher Kaufhauserpresser

Es muss ordentlich gescheppert haben in der Nacht des 13. Juni 1992 auf der Rückseite von Karstadt Mö. Ausgerechnet unten in der Porzellanabteilung hatte der Erpresser seinen Sprengsatz explodieren lassen. Schnell sperrte die Polizei mit rot-weißem Band die kleine Kopfsteinpflasterstraße ab. Beamte führten Spürhunde durch die weißen Türen des Hintereingangs, durch die Kunden noch heute zum Nebengebäude in die Kurzwarenabteilung gelangen.

1,4 Millionen D-Mark forderte der Erpresser, sonst würden weitere Bomben hochgehen. Die Zahlungsbereitschaft sollte Karstadt mit einer Anzeige im „Hamburger Abendblatt" signalisieren. „Onkel Dagobert grüßt seine Neffen" stand alsbald wie verabredet auf der Seite mit den Kontaktanzeigen. Damit hatte der Erpresser seinen Namen weg. Doch statt Geldscheinen gab es bei der Übergabe nur Papierschnipsel. Dagobert antwortete mit einer Reihe von Anschlägen in Norddeutschland. Der Sachschaden betrug mehrere Millionen D-Mark. Wie durch ein Wunder kamen keine Menschen zu Schaden. Die Polizei hielt an ihrer Taktik fest: kein Geld für den Erpresser. Der führte sie immer wieder an der Nase herum, mit fingierten Zeitschaltuhren, ferngesteuerter Lore, Stolperdrähten und einer umgebauten Streusandkiste über einem Kanalschacht.

Bei der Bevölkerung genoss Dagobert, der eigentlich Daniel Düsentrieb hätte genannt werden müssen, große Sympathie. Am Ende wurde er in einer Telefonzelle in Berlin gefasst, als er gerade mal wieder mit Karstadt telefonierte – und wanderte für viele Jahre ins Gefängnis.

KARSTADT

Kleine Reichenstraße 6-10, Altstadt

Reichswehr gegen Hungeraufstand. Die „Sülzeunruhen"

Glückskatzen winken im Schaufenster der Agentur für Fotodesign, die in dem Haus mit der gründerzeitlichen Fassade residiert. Unter anderem Katzen - so der böse Verdacht - sollte die Fleischwarenfabrik Heil im Keller des Gebäudes für ihre Sülze verarbeitet haben, zusammen mit den Resten von Hunden, Ratten und anderen Ekeleien.

„Müllraum" steht an einer der Kellertüren. Steile Treppen führen hinunter. Über sie dürfte die aufgebrachte Menge hinuntergestürmt sein, nachdem am 23. Juni 1919 auf der Straße ein Fass mit vergammelten Kadavern vom Wagen gefallen und zerborsten war. Der ekelhafte Brei war zwar für Bauern in Ochsenwerder bestimmt, die damit ihre Felder düngen wollten. Doch entlud sich daran die Wut der Menge über die katastrophale Versorgungslage, die sich seit den letzten Jahren des Ersten Weltkriegs immer weiter verschlimmert und auch nach der Kapitulation nicht gebessert hatte.

Eine Vielzahl an Streck- und Ersatzlebensmitteln war seit den Kriegsjahren erlaubt, von denen Buchenknospen- und Kastanienmehl oder Pferde- und Ziegeninnereien noch die harmloseren gewesen sein dürften. Das weckte die Fantasie von Scharlatanen und Krisengewinnlern. Einer von ihnen war Johann Jacob Heil, der in der Kleinen Reichenstraße eine Gerberei betrieb. Sülze stellte er nur im Nebenerwerb her. Bereits 1918 war sein Betrieb in das Visier der Behörden geraten. Die Prüfer bemängelten den unsauberen Zustand. Auch lief ein Verfahren wegen Wucher gegen ihn. Beides versandete.

Nun aber zerrte die aufgebrachte Menge den Mann aus

seinem Kontor und warf ihn in die Kleine Alster. Ein Wachtmeister zog Heil aus dem Wasser und brachte ihn in Sicherheit. In den folgenden Tagen durchsuchten Menschenmengen verschiedene andere Fleischfabriken und fanden zahlreiche Anzeichen für Panschereien. Die Unruhen breiteten sich über die Stadt aus. Nachdem auf dem Rathausmarkt ein „Pranger“ für Beschuldigte aufgestellt worden war, griff die Rathauswache ein. Schüsse fielen. Der Rat rief die Bahrenfelder zu Hilfe, ein großbürgerliches Freiwilligenbataillon. Doch nicht nur der Lastwagen der Bahrenfelder ging in Flammen auf, sondern auch die Hamburger Börse. Nach einigen Tagen ebbte die Gewalt wieder ab.
Dann trat Reichswehrminister Gustav Noske auf den Plan und schickte seine Truppen, kommandiert von Generalmajor Paul von Lettow-Vorbeck, der später am Kapp-Putsch teilnehmen sollte. Eine neue Räteregierung in Hamburg, so wie es sie bis zur Bürgerschaftswahl im März 1919 gegeben hatte, wollte die Reichsregierung um jeden Preis verhindern. Dabei hatte die Hamburger KPD sogar Versuche unternommen, mäßigend auf die Aufständischen einzuwirken. Gemeinsam mit Freikorps-Truppen verhielt sich die Reichswehr wie in besetztem Feindesland. Es kam zu willkürlichen Verhaftungen, Schnelljustiz und ausgiebigem Schusswaffengebrauch. Am Ende waren achtzig Tote zu beklagen.
Die häufig als „Sülzeunruhen“ oder „Gammelfleischskandal“ bezeichneten Ereignisse waren eine von zahlreichen Hungerrevolten, die in den letzten Kriegsjahren und unmittelbar danach Hamburg und das gesamte Reich erschütterten. Die Glückskatzen im Haus in der Kleinen Reichenstraße wachen also nur über einen von vielen Schauplätzen.

Zyklon B. Tödliche Geschäfte im Meßberghof

Das Kontorhausviertel in der Altstadt verkörpert die ehrbare Hamburger Kaufmannschaft. Als bekanntester Bau des in den 1920er und 1930er Jahren entstandenen backsteinexpressionistisch geprägten Quartiers ragt das Chilehaus heraus. Sein Schatten fällt auf den Meßberghof, der ursprünglich Ballinhaus hieß (nach dem Hamburger Reeder Albert Ballin), von den NS-Machthabern aber umbenannt wurde, weil Ballin aus einer Familie jüdischen Glaubens stammte.
1928 hatte die Firma „Tesch & Stabenow" im Ballinhaus ihre Büroräume bezogen. Während der NS-Diktatur stieg das auf Schädlingsbekämpfung spezialisierte Unternehmen als exklusiver Vertriebspartner des Frankfurter Zyklon-B-Produzenten „Degesch" zum Branchenführer auf. Eine der Voraussetzungen für den steilen Erfolg: Mitgründer und Geschäftsführer Bruno Tesch war bereits 1933 der NSDAP beigetreten. Bei Kriegsbeginn florierten die Geschäfte von „Testa". Das Unternehmen lieferte sein bewährtes Produkt im großen Stil an die Wehrmacht und an Konzentrationslager - offiziell sollte es nur gegen Ungeziefer angewendet werden. Die höchsten Erlöse aus dem Verkauf von Zyklon B erzielte „Testa" im Jahr 1943. Tonnen des tödlichen Gases waren zu diesem Zeitpunkt bereits nach Auschwitz, Ravensbrück, Sachsenhausen, Neuengamme und Dachau gelangt, um dort das systematische Vernichtungswerk der Nazis voranzutreiben.
Im März 1945 zerstörte ein Bombenangriff das Büro von „Testa" im Meßberghof. Ein halbes Jahr später verhafteten britische Militärs den Inhaber Bruno Tesch, seinen Prokuristen Karl Weinbacher und den Mitarbeiter

Joachim Drosihn. In den Prozessen, die im Curiohaus stattfanden, kamen die Richter nicht zuletzt aufgrund von Aussagen ehemaliger Angestellter zu dem Schluss, dass Tesch und Weinbacher vom Verwendungszweck des Zyklon B zur Ermordung von KZ-Insassen gewusst haben mussten. Beide wurden zum Tode verurteilt und im Mai 1946 in Hameln hingerichtet. Die Firma „Testa“ bestand aber nach Teschs Tod noch weiter fort. Der im selben Prozess freigesprochene Drosihn gründete nach Kriegsende ein gleichnamiges Unternehmen (die Abkürzung „Testa“ stand jetzt allerdings für „Technische Entwesungsstation“), das als Rechtsnachfolger der alten Firma eingesetzt wurde und bis Ende der 1970er Jahre seinen Sitz im Meßberghof hatte.

Seit 1997 erinnert eine Schrifttafel am Eingang des prächtigen Kontorhauses an die finstere Vergangenheit eines seiner Mieter. Auf ihr ist neben einem kurzen Erklärungstext auch der Schlussvers aus „Dos lied vunem ojsgehargetn jidischn volk“ (Großer Gesang vom ausgerotteten jüdischen Volk) zu lesen. Das Gedicht stammt von Jizchak Katzenelson, der im Mai 1944 in Auschwitz mit Zyklon B vergast wurde. Von der Planung bis zur Anbringung der Gedenkplatte vergingen fünf Jahre, in denen Eigentümer und Grundstücksgesellschaft des Meßberghofs ihre Bedenken darüber zum Ausdruck brachten, dass eine Infotafel mit explizitem Verweis auf die Geschichte von „Tesch & Stabenow“ sich negativ auswirken und die „zügige Vermietung“ ihrer Räumlichkeiten behindern könnte. Besser für das heutige Geschäft mit der Chemikalie ist es sicher auch, dass das Blausäuregas mit dem hässlichen Namen nicht mehr als Zyklon B vermarktet wird, sondern als „Cyanosil“.

E Z 1 2 3 4 5 6 7 8

Rathausmarkt 1, Altstadt

Ronald Barnabas Schill. Ein verhaltensauffälliger Innensenator

Vor dem Eingang zum Senatsgehege im Hamburger Rathaus wachen die beiden Statuen „Gnade“ und „Gerechtigkeit“. Als der Jurist und Rechtspopulist Ronald Barnabas Schill hier am 31. Oktober 2001 als Zweiter Bürgermeister und Innensenator einzog, war er in der Stadt wegen seiner drastischen Urteile als „Richter Gnadenlos“ bekannt. Seine „Law and Order“-Parolen hatten ihm ein Fünftel der Hamburger Wählerstimmen gebracht. Schill hatte unter anderem die Kastration nicht therapierbarer Sexualstraftäter gefordert oder die Bestrafung von Eltern, die ihre Erziehungspflicht in einer Weise vernachlässigt hätten, dass ihre Kinder straffällig geworden seien. Im Wahlkampf hatte er ankündigt, die Gewaltkriminalität in der Stadt in den ersten hundert Tagen seiner Amtszeit zu halbieren.

Das alles hielt den Bürgermeisterkandidaten der CDU, Ole von Beust, nicht davon ab, mit Schills „Partei Rechtsstaatlicher Offensive“ und der FDP eine Koalition zu bilden. Nach seiner Amtseinführung machte Schill zunächst Schlagzeilen durch die Demontage von Pollern gegen Wildparker, die Einstellung neuer Polizisten und die Einführung dunkelblauer Uniformen, entworfen von Luigi Colani. Seine Politik der harten Hand bekamen vor allem die Bewohner des Bauwagenplatzes „Bambule“ zu spüren. Zwei Jahre währte seine Amtszeit. Dann stürzte Schill über die versuchte Erpressung des Ersten Bürgermeisters. Es folgten Koks und Auftritte bei „Big Brother“. Das könnte alles lustig sein. Wären da nicht die fast zwanzig Prozent Hamburger Wähler, die dem gnadenlosen Innensenator ihre Stimme gegeben haben.

NADE

Nur für Auserwählte? Der Atombunker am Hauptbahnhof

Täglich eilen Tausende Menschen über den Vorplatz des Hauptbahnhofs in Richtung Mönckebergstraße. Falls sie ihn überhaupt wahrnehmen, halten sie den übermannshohen Zylinder aus schmuddeligem Beton bei der Bushaltestelle für eine ausgediente Litfaßsäule. Wer ahnt schon, dass sich zwischen Bahnhof und Wallringtunnel einer der größten Tiefbunker der Stadt befindet, drei Stockwerke tief mit zum Teil 3,75 Metern dicken Betonwänden? Über die „Litfaßsäule“ konnte sein Stromgenerator mit Diesel betankt werden, bis zu 124.000 Liter fasste der Tank. Außerdem gab es in ihr eine Klappe für den Notauswurf von Fäkalien. Luft bekam der Bunker über drei unscheinbare graue Klötze vor der Bahnhofsmission, von denen zwei auch Nebeneingänge waren.

Die Treppe hinunter ist steil. Ein moderiger Geruch empfängt den Besucher. Das Rumpeln der U3 ist zu hören. „Finger weg. Quetschgefahr“ steht neben der wuchtigen Stahltür an der Wand. Unter der Decke hängen Lüftungsrohre, deren Durchmesser verdeutlicht, dass hier viele Tausend Menschen Schutz und Atemluft finden sollten.

Gebaut wurde der Bunker zwischen 1941 und 1944 für durchreisende Bahngäste. Von allen Fernbahngleisen aus führte ein Tunnel zum Eingang. Dieser sogenannte Südstegtunnel war bis 1992 als Verbindung zwischen der U-Bahn-Station Hauptbahnhof Süd und der Mönckebergstraße in Betrieb. Einen Stromgenerator gab es im Zweiten Weltkrieg noch nicht, auch keinen Fäkalienauswurf, und belüftet wurde mit Handgeräten. Schließlich sollten die Menschen nur wenige Stunden bleiben.

Nach Kriegsende war eine Sprengung des Bunkers auf-

#squip2rio
AGIL SKOE
Ahoi
#squip2rio
86N ZYOS

grund der Nähe zum Bahnhof nicht möglich. Man nutzte ihn zunächst als Hotel und später als Lagerraum. Auf dem Höhepunkt des Kalten Kriegs besann man sich wieder der alten Funktion. Am Steintorwall begann 1965 die Modernisierung, mit Lüftungs-, Filter-, Notstrom- und anderen Versorgungsanlagen. Ende 1969 wurde die Zivilschutzanlage Steintorwall an die Behörden übergeben, nun angeblich gewappnet gegen ABC-Waffen.
Im Falle eines Atomschlags hätten hier exakt 2.702 Menschen Schutz finden sollen, auf harten Holzsitzen, mit Schaumgummikopfstützen wegen der starken Erschütterungen. Geschlafen hätten sie im Dreischichtsystem auf einer der schmalen Pritschen mit Namen „Dornröschen". Auch der Beipackzettel zu den Moltex-Decken bekam hier eine eher komische Note: „Sehr verehrter Reisefreund! Wir hoffen, daß Ihnen diese Decke auf der Hin- und Rückfahrt gute Dienste leistet." Die Ausstatter des Bunkers hatten kostengünstig auf Bestände der Deutschen Bahn zurückgegriffen.
Bei einer atomaren Verseuchung Hamburgs hätten die Menschen hier unten auf engstem Raum leben müssen. Schnell wären die Temperaturen aufgrund ihrer Körperwärme auf tropische Höhen geklettert. Nur drei Personen waren als Ordnungskräfte vorgesehen. Für die Bedienung der technischen Gerätschaften wäre das vielleicht kein Problem gewesen. Die heute noch sichtbaren Gebrauchsanweisungen an den Wänden sind so formuliert, dass jeder diese hätte bedienen können. Was wäre aber passiert, wenn es Streit um eine der Schlafpritschen gegeben hätte? Oder ums Essen? Für vierzehn Tage Aufenthaltsdauer im Bunker waren Vorräte, Luft und Brennstoff für das Stromaggregat ausgerichtet. Und dann wieder nach oben? Was hätte die Menschen erwartet?
Ein Blick in eine der beiden Küchen, mit gerade einmal vier Kochplatten für 1.351 Menschen, lässt vermuten,

dass eine Nutzung des Bunkers vielleicht nie ernsthaft in Erwägung gezogen worden ist - oder es einen Plan B gab. Zwar heißt es offiziell, der Bunker hätte im Ernstfall seine Tore für alle geöffnet. Vielleicht war er aber doch eher für einen ausgewählten Kreis Menschen mit ihren Familien gedacht. Dieser Kreis einflussreicher Personen hätte die Zeit während einer sich anbahnenden Eskalation wohl genutzt, um den Atombunker wirklich passend auszustatten. Gut sichtbare Eingänge hätten dabei nur gestört.

Bunker-Hochburg Hamburg

Hamburg hatte die größte Bunkerdichte im Deutschen Reich. Viele der Anlagen sind nach der Änderung des Zivilschutzes 1992 abgerissen worden. Heute gibt es noch 700 Bunker in der Stadt, von kleinen Röhrenbunkern über Schnecken-, Flak- und andere Hochbunker bis hin zu den zehn Tiefbunkern. Der größte Tiefbunker ist die Garage unter dem Spielbudenplatz, wo im Zweiten Weltkrieg 35.000 Menschen Platz fanden.

Nach einem ähnlichen Konzept wurden in der Zeit des Kalten Kriegs Bahnstationen als Mehrzweckanlagen errichtet - wie die U-Bahnhöfe Mümmelmannsberg und Niendorf Markt oder die S-Bahnhöfe Reeperbahn und Stadthausbrücke. Dort sollten Züge als Aufenthaltsräume dienen. Auf den Bahnsteigen wären Betten aufgestellt worden.

In der NS-Zeit gab es Plätze für die Hälfte der damals 1,4 Millionen Einwohner Hamburgs, zusätzlich wurde eine Überbelegung eingeplant. Wäre der Kalte Krieg irgendwann einmal heiß geworden, hätte nur ein sehr kleiner Teil der Hamburger einen Platz in einem Bunker gefunden. Bundesweit waren Schutzplätze für nur 3,5 Prozent der Bevölkerung vorgesehen. Eine Überbelegung war nicht geplant. Zu deren Verhinderung gab es an den Eingängen sogenannte Dosieranlagen, die diese bei Erreichen der maximalen Personenzahl schließen sollten. Auch der Tiefbunker am Steintorwall hatte so eine Anlage.

Einem direkten Atombombenabwurf hätte keiner der Hamburger Bunker standgehalten. In ihnen sollten die Menschen lediglich Schutz vor atomarer Verseuchung finden, um nach deren Abklingen (nach vierzehn Tagen!) aus dem Stadtgebiet evakuiert zu werden.

„Vernichtung lebensunwerten Lebens". Euthanasie in den Alsterdorfer Anstalten

Auf dem Gelände der „Evangelischen Stiftung Alsterdorf" scheint die Inklusionsidee allgegenwärtig. Patienten und Bewohner bewegen sich frei umher oder stehen rauchend vor den Werkstätten. Die Atmosphäre wirkt locker. Wer ist „behindert"? Wer nicht? Manchmal schwer zu sagen. Früheren Leitern und Chefärzten der einst als „Alsterdorfer Anstalten" bekannten Institution fiel diese Unterscheidung leichter. Ein schmaler Messingstreifen, der in den Gehweg der Dorothea-Kasten-Straße eingelassen wurde, erinnert daran, dass hier Menschen mit körperlichen oder geistigen Handicaps zwischen 1933 und 1945 systematisch ausgesondert und in den Tod geschickt wurden.

Dabei hatte alles sehr ehrenwert angefangen: Die Gründung der Stiftung geht auf die Initiative Heinrich Matthias Sengelmanns zurück, der von 1853 bis 1866 Pastor an der Hauptkirche St. Michaelis war. Er nahm sich sozial und gesundheitlich benachteiligter Kinder an und lehrte sie im Handwerk, im Gartenbau und in der Landwirtschaft. Nach Sengelmanns Tod im Jahr 1899 brachen, wie es in der Stiftungshistorie heißt, „schwierige Zeiten" an. Tuberkulose- und Grippewellen kosteten viele „Alsterdorfer" das Leben. Während des Ersten Weltkriegs wurden die Anstalten zum Militärlazarett umgewandelt. Die Medizin verdrängte nach und nach die Pädagogik. Die seit dem 19. Jahrhundert virulente „Lehre" des Sozialdarwinismus zeigte ihre Wirkung. Auf „schwierige Zeiten" folgte blanker Horror. Während der NS-Zeit zum „Nationalsozialistischen Musterbetrieb" erklärt, setzten die Anstalten das „Gesetz zur Verhütung erbkranken Nachwuchses" bereitwillig um.

alsterdorf

Dorothea-Kasten-Straße, Alsterdorf

Hunderte Menschen, deren Leben als wertlos und schädigend für den „deutschen Volkskörper" eingestuft worden waren, mussten Sterilisationen über sich ergehen lassen oder wurden in andere Einrichtungen verlegt, wo sie infolge von planmäßiger Überdosierung, von Unterernährung und anderen medizinischen Versuchen starben. Eines der Opfer war Dorothea Kasten, getötet 1944 in einer Wiener Heilanstalt.

Die Deportationen aus Alsterdorf führten auch in das Krankenhaus Rothenburgsort. Mindestens fünfzig Kinder wurden hier umgebracht und zum Teil von „forschenden" Ärzten zu Tode gequält. Nicht weit davon entfernt ereigneten sich kurz vor Kriegsende weitere Kindermorde infolge der „Euthanasie". Die ehemalige Schule am Bullenhuser Damm diente während der letzten Kriegsjahre als Außenlager des KZs Neuengamme. Hierhin ließ sich SS-Arzt Kurt Heißmeyer noch im November 1944 zwanzig Kinder aus Auschwitz liefern, um sie Experimenten zur Entwicklung eines Tuberkulose-Impfstoffs zu unterziehen. Als im April des darauffolgenden Jahres die alliierten Truppen vor Hamburg standen, wurden die Kinder von Neuengamme nach Rothenburgsort gebracht und samt ihren Pflegern ermordet (und anschließend wahrscheinlich verbrannt), um alle Spuren und Zeugen der Gräueltaten zu beseitigen.

Die Verantwortlichen sind nur selten gerichtlich belangt worden. Wilhelm Bayer, damaliger Leiter der sogenannten „Kinderfachabteilung" in Rothenburgsort, durfte weiter in Hamburg praktizieren und schrieb später ein Buch über Säuglinge. Das Verfahren wegen mehrfacher Beihilfe zum Mord gegen Gerhard Kreyenberg, Oberarzt und Vorstandsmitglied der Alsterdorfer Anstalten, wurde 1970 eingestellt, und der siebenfache Vater arbeitete weiter als Arzt in Alsterdorf und Vorsitzender eines

Kinderheims. Der KZ-Arzt Kurt Heißmeyer konnte sich bis 1963 einer Anklage entziehen und erlag im Gefängnis einem Herzinfarkt.
In der einstigen Schule am Bullenhuser Damm befindet sich heute ein Kindergarten. Die Kellerräume wurden 1980 zur offiziellen Gedenkstätte umgestaltet. Kurz nach deren Eröffnung zündeten Neonazis eine Brandbombe vor dem Eingang des Gebäudes. Bei dem Anschlag wurden zwei Menschen verletzt.

Der NS-Terror in Hamburg

Die NS-Diktatur hat in der Hansestadt unübersehbare Spuren hinterlassen. Über 150 Einrichtungen, Gedenktafeln, Mahn- und Denkmale, die sich über ganz Hamburg verteilen, erinnern heute an die verbrecherischen Taten der Nazis und ihre zahlreichen Opfer. Die dunkle Geschichte im öffentlichen Raum sichtbar zu machen war aber lange Zeit nicht selbstverständlich. Zum Teil stießen solche Bestrebungen in der Vergangenheit sogar auf heftigen Widerstand (wie nicht wenige Beispiele in diesem Buch zeigen).

Bis 1969 beschränkten sich die offiziellen Erinnerungsstätten für die Opfer des NS-Regimes in Hamburg auf gerade einmal ein Dutzend. Einige entstanden bereits Ende der 1940er Jahre auf dem Ohlsdorfer Friedhof. Die erste Gedenktafel außerhalb eines Friedhofs wurde 1953 auf Initiative des Betriebsrats von Blohm + Voss zu Ehren von elf Werftarbeitern, die von den Nationalsozialisten umgebracht wurden, auf dem Betriebsgelände in Steinwerder aufgestellt. Die alte Tafel existiert heute nicht mehr. Ein Ersatz befindet sich im Schanzenweg, in der Nähe des ursprünglichen Standorts.

Zur Erinnerung an die ermordeten Hamburger Juden gab es bis Ende der 1970er Jahre nur zwei Gedenkstätten, beide in Ohlsdorf. Seitens der Politik setzte erst in den 1980er Jahren eine spürbare Verstärkung der Erinnerungsarbeit ein. Die „Hamburger Initiative“ trieb 1984 unter dem damaligen Ersten Bürgermeister Klaus von Dohnanyi das „Tafelprogramm“ weiter voran und förderte Initiativen, die sich dem Gedenken einzelner Opfergruppen widmeten, ebenso wie entsprechende Projekte für das Programm „Kunst im öffentlichen Raum“. Die Anzahl der Gedenkstätten stieg in der Folge bis zum Jahr 2000 auf weit über einhundert an. Viele stadthistorische

„Gedächtnislücken“ wurden damit, fünfzig Jahre nach Kriegsende, zumindest behelfsmäßig geschlossen.
Manchmal standen dabei auch Fettnäpfchen am Weg. So geriet eine Gedenktafel, die 1981 im Treppenhaus des Hamburger Rathauses angebracht werden sollte, zum Streitfall. Weil sich unter den 23 Geehrten immerhin 14 Kommunisten befanden (darunter Ernst Thälmann), verzichtete man auf die Namensnennung und beließ es bei der Erinnerung an die „Mitglieder der Bürgerschaft, die nach 1933 Opfer totalitärer Verfolgung wurden“. Der Kalte Krieg diktierte die Regeln.
Zu den bedeutendsten Mahnmalen für die Opfer des Nationalsozialismus in Hamburg gehören der 1983 eröffnete „Platz der jüdischen Deportierten“ an der Moorweidenstraße, das Synagogenmonument von 1988 am Joseph-Carlebach-Platz und die Gedenkstätte im Torgebäude der Justizvollzugsanstalt Fuhlsbüttel. Eine Sonderrolle nimmt außerdem die KZ-Gedenkstätte Neuengamme ein. Hervorgegangen aus einer 1948 gegründeten Arbeitsgemeinschaft von Überlebenden der NS-Haft, fungiert die seit 2005 neu gestaltete Einrichtung, die sich auf dem Gelände des ehemaligen KZs befindet, heute als zentrale Dokumentationsstätte der NS-Verbrechen in Hamburg. Im KZ Neuengamme, einem Außenlager Sachsenhausens, waren zwischen 1933 und 1945 rund 100.000 Menschen inhaftiert. Die Hälfte davon überlebte den Krieg nicht.
Wie dicht sich das Netz des Naziterrors über die ganze Stadt gesponnen hatte, lässt sich nicht zuletzt am „Stolperstein“-Projekt des Künstlers Gunter Demnig ablesen. 5.000 der kleinen Messingplatten wurden seit 1996 in die Fußwege Hamburgs eingelassen. Über die meisten „stolpert“ man in den Stadtteilen Rotherbaum und Harvestehude, denn das sogenannte Grindelviertel war bis in die 1930er Jahre das Zentrum der jüdischen Gemeinde in Hamburg. Einst zählte sie fast 25.000 Mitglieder. 1947 waren es nur noch 1.268.

Fahndung nach „Kora". Die erste Tote der RAF

Neben dem Barmbeker gibt es auch ein Bahrenfelder „Komponistenviertel". Entlang der A7 sind die Straßen nach Haydn, Grieg, Liszt, Händel, Sibelius, Reger und Mendelssohn benannt. Auch weniger bekannten Tonsetzern wie Friedrich Silcher und Carl Reinecke wurde diese Ehre zuteil. Dort, wo die nach den Letzteren benannten Straßen aufeinandertreffen, ereignete sich im Sommer 1971 die erste bewaffnete Auseinandersetzung mit Todesfolge zwischen der RAF und der deutschen Polizei. Im Jahr zuvor hatten Gudrun Ensslin, Ulrike Meinhof und andere dem in West-Berlin infolge der Frankfurter Kaufhausbrandanschläge inhaftierten Andreas Baader mit Waffengewalt zur Flucht verholfen. Danach ging die Gruppe in den Untergrund, verübte diverse Autodiebstähle und Banküberfälle, fuhr nach Jordanien, um sich in einem „Fatah"-Camp militärisch ausbilden zu lassen, und veröffentlichte ihr „Konzept Stadtguerilla". Die Springer-Presse nahm den „Staatsfeind Nummer 1" konsequent ins Visier, die Innenbehörden intensivierten zu Anfang des Jahres 1971 durch eigens eingerichtete Sondereinheiten ihre Suche nach Mitgliedern der Baader-Meinhof-Gruppe, die sich jetzt „Rote Armee Fraktion" nannte. Noch hatte es auf keiner der beiden Seiten Tote gegeben.
Die Großfahndung nach „bewaffneten Autodieben", die am 15. Mai 1971 im norddeutschen Raum stattfand und bei der vor allem die Insassen von BMWs unter die Lupe genommen wurden, trug das Kennwort „Kora". Das aus dem Altgriechischen abgeleitete Wort für „Mädchen" oder „Jungfrau" war eine Anspielung auf das eigentliche Ziel der Suche: die RAF-Wortführerin Ulrike Meinhof. Dass BMWs zu den

bevorzugten Autos der RAF gehörten, war der Polizei längst aufgefallen.
In einem „Baader-Meinhof-Wagen“ waren an diesem Nachmittag auch Petra Schelm und Werner Hoppe unterwegs, gegen die Haftbefehle vorlagen (Schelm hatte bei der Befreiungsaktion Baaders mitgeholfen). Auf dem Weg zur Autobahn nach Kiel durchbrachen sie eine Straßensperre in der Stresemannstraße. Bei der anschließenden Verfolgung mit bis zu achtzig Beamten und einem Polizeihubschrauber konnte ihr hellblauer 2002er am Bahrenfelder Kirchenweg gestoppt werden, woraufhin sich das Duo zu Fuß und getrennt voneinander in die Gärten des umliegenden Wohngebiets flüchtete. Schelm wurde gestellt, es kam zu einem Schusswechsel, und ein Projektil aus einer Maschinenpistole traf sie unter dem linken Auge. Nach einem kurzen Notruf setzten die Beamten ihre Verfolgung Hoppes fort, den man schließlich hinter der Autobahntrasse am Bonnepark überwältigte.
Da Schelm einen gestohlenen Ausweis bei sich hatte, wusste die Polizei zunächst nicht, wen sie da eigentlich ins Krankenhaus überführen ließ. In der Annahme, die Aktion „Kora“ sei „erfolgreich“ verlaufen, verbreitete sich über den Landesdienst Nord der Deutschen Presse-Agentur gegen 16.15 Uhr das Gerücht, dass „am Donnerstagnachmittag Ulrike Meinhof bei einer Schießerei mit der Polizei auf der Flucht erschossen“ worden sei. Eine Viertelstunde später folgte das Dementi.
Was sich unmittelbar vor dem tödlichen Schuss auf Schelm abgespielt hat, ist ungewiss. Während der verantwortliche Polizeibeamte erklärte, sie habe zuerst das Feuer eröffnet, widersprachen Zeugen, die sich am Tatort aufgehalten hatten, seiner Aussage. Die Frage eines „Spiegel“-Reporters, warum man nicht versucht habe, Schelm per Beinschuss kampfunfähig zu machen, beant-

wortete der damalige Polizeisprecher mit einer Gegenfrage: „Waren Sie eigentlich schon mal im Krieg?“ Der Polizeischütze wurde jedenfalls nicht angeklagt. Dafür entbrannte eine öffentliche Diskussion über die Schießausbildung bundesdeutscher Polizisten.
Petra Schelm war die erste Tote in der Geschichte der RAF. Ein weiteres Mitglied der Terrorgruppe, der 1974 infolge eines Hungerstreiks gestorbene Holger Meins, liegt eine Autobahnausfahrt weiter nördlich der Reineckestraße auf dem Stellinger Friedhof begraben.

Hamburg als Schauplatz des RAF-Terrors

Um ein Haar wäre Stefan Aust zum ersten Opfer der RAF geworden. Der Journalist hatte im Sommer 1970 die Töchter von Ulrike Meinhof und Klaus Rainer Röhl aus Sizilien zurück nach Hamburg gebracht. Dorthin war Meinhof mit den Kindern gereist, um die Röhl-Zwillinge dem Einfluss ihres Vaters zu entziehen. Austs Aktion sollte nun gerächt werden. Aber als Andreas Baader und Horst Mahler im September desselben Jahres vor dessen Wohnung in der Friedensallee auftauchten, konnte Aust, der vorher gewarnt worden war, über einen Hinterausgang fliehen.

Der Tod von Petra Schelm in Bahrenfeld markierte den Anfang tödlicher Auseinandersetzungen zwischen der RAF und der Polizei, die sich auch in Hamburg niederschlugen. Am 22. Oktober 1971 erschossen RAF-Mitglieder den Zivilfahnder Norbert Schmid in Poppenbüttel. Ein halbes Jahr später streckte Manfred Grashof bei seiner versuchten Festnahme den Hauptkommissar Hans Eckardt in der Heimhuder Straße 82 (Rotherbaum) nieder. Am 19. Mai 1972 detonierten mehrere Bomben im Axel-Springer-Verlag an der Kaiser-Wilhelm-Straße, wobei 17 Menschen verletzt wurden. Im Juni desselben Jahres führten die Großfahndungen zu ersten Erfolgen der Polizei: Kurz nachdem Andreas Baader, Jan-Carl Raspe und Holger Meins in Frankfurt verhaftet worden waren, konnten Hamburger Beamte Gudrun Ensslin in einer Boutique am Jungfernstieg überwältigen.

Im Herbst 1975 wurden elf Menschen durch eine Bombenexplosion im Hamburger Hauptbahnhof verletzt. Der Anschlag stand im Zusammenhang mit weiteren Bombenattentaten in den Hauptbahnhöfen von Nürnberg, Bremen und Köln. Der Verdacht fiel auf die RAF und die „Bewegung

2. Juni“. Doch beide Gruppierungen distanzierten sich von den Anschlägen und bezeichneten diese als „faschistische Provokation“.
Den „Deutschen Herbst“ von 1977 umrahmten zwei weitere Vorfälle in Hamburg. Einen Monat nach dem Tod Ulrike Meinhofs verübte die RAF im Juni 1976 einen Brandbombenanschlag in den Colonnaden, der dem Rechtsanwalt (und Pflichtverteidiger von RAF-Mitglied Margrit Schiller) Klaus-Jürgen Langner galt. Wie die meisten seiner Kanzleikollegen überlebte dieser das Attentat, seine Sekretärin Johanna K. erlag allerdings drei Tage später ihren Verletzungen.
Im Januar 1978 schließlich, nach dem „Landshut“-Drama von Mogadischu und dem Selbstmord der übrigen RAF-Führungsriege in Stuttgart-Stammheim, kam es vor einer Apotheke am Winterhuder Marktplatz zu einem Schusswechsel zwischen Christiane Kuby und zwei Polizeibeamten mit Verletzten auf beiden Seiten. Während die letzte Schießerei zwischen den Terroristen und der Staatsgewalt auf Hamburger Boden glimpflich verlief, erlag das mutmaßliche RAF-Mitglied Sigurd Debus am 16. April 1981 im Zentralkrankenhaus des Untersuchungsgefängnisses den Folgen eines Hungerstreiks mit anschließender Zwangsernährung. 1998 gab die RAF ihre Auflösung bekannt. In ihrem Kampf mit der Bundesrepublik verloren zwischen 1971 und 1999 rund sechzig Menschen ihr Leben.

Schützenstraße 39, Bahrenfeld

Kaltblütige Hinrichtung. NSU-Mord an einem Gemüsehändler

Heute befindet sich in dem kleinen Laden in der Schützenstraße in Altona ein Fahrradgeschäft. Nebenan klirren die Gläser im Bistro „Kühne Lage“. Autos brettern über das Kopfsteinpflaster. Alles ganz normal. Nur ein kleiner Gedenkstein erinnert an den kaltblütigen Mord des sogenannten „Nationalsozialistischen Untergrunds“ (NSU).

Süleyman Tasköprü war 31 Jahre alt, damals am 27. Juni 2001. Er hatte eine dreijährige Tochter. Sein Vater war auf Einkaufsfahrt beim Großhandel. Als er wiederkam, lag sein Sohn blutüberströmt auf dem Boden des Gemüseladens. Hingerichtet mit drei Schüssen in den Kopf. Er soll noch versucht haben, etwas zu sagen.

Zehn Jahre später flog der NSU nach einem Banküberfall in Eisenach auf. Ein Zeuge brachte die Polizei auf die Spur. Uwe Mundlos und Uwe Böhnhardt hielten sich nach dem Überfall in einem Wohnmobil versteckt. Als die zwei Neonazis die Polizei bemerkten, erschoss Mundlos Böhnhardt, zündete das Wohnmobil an und tötete sich selbst. Beate Zschäpe legte in der Wohnung des Terrortrios Feuer und stellte sich später der Polizei. Erst jetzt konnte man die Tat in der Schützenstraße der kaltblütigen Mordserie der Neonazis zuordnen. Die benutzten Pistolen wurden als die bereits bei dem Mord an dem Blumenhändler Enver Simsek verwendeten Waffen identifiziert, neben der Ceská auch die Bruni Modell 315. Zudem kann man auf der Bekenner-DVD ein Foto von der Leiche Tasköprüs auf dem gekachelten Boden erkennen, der heute noch in dem Laden zu sehen ist. So konnten ihn nur die Täter fotografieren - oder jemand, der zur Tatzeit anwesend war.

Anstatt auch das rechte Milieu in die Ermittlungen einzubeziehen, hatten die Sicherheitsbehörden ausschließlich in Richtung Rotlicht, Drogen und türkische Mafia ermittelt. Auch nach Jahren erfolgloser Ermittlungen wehrten die Hamburger Beamten sich im Austausch mit Kollegen aus Bayern gegen eine Fallanalyse der dortigen Polizei, die auch dem Motiv Ausländerhass nachging. Im Bericht des NSU-Untersuchungsausschusses des Bundestags vom August 2013 heißt es: „Die Ermittler in Hamburg waren am stärksten von der Theorie eines Tathintergrundes ‚Organisierte Kriminalität' überzeugt - und blieben das auch dann, als die gründlichen Ermittlungen in diese Richtung zu keinen Ergebnissen geführt hatten."
Trotz des langen Prozesses gegen Beate Zschäpe und vier weitere Angeklagte in München liegen die genauen Tatumstände noch weitgehend im Dunkeln. Wie und warum wurde das Opfer ausgewählt? Wie die Tat vorbereitet? Gab es in Hamburg Unterstützer oder sogar Mitglieder des NSU? Dafür spricht einiges: Bekannte Hamburger Neonazis verfügten Anfang der 1990er Jahre über hervorragende Kontakte zum sogenannten „Thüringer Heimatschutz", in dem das spätere Zwickauer Terrortrio zu dieser Zeit organisiert war. Die Aussagen gehen sogar so weit, dass dortige Aktionen aus Hamburg gesteuert worden seien. Auch persönliche Begegnungen von Hamburger Neonazis mit Mundlos, Böhnhardt und Zschäpe können inzwischen als belegt gelten.
Und wie dicht dran war der Hamburger Verfassungsschutz am braunen Untergrund? Im Jahr 2014 erhielt die Behörde eine CD mit der Aufschrift „NSDAP/NSU", die an die Bekenner-DVD des „NSU" erinnert. Übergeben hat die CD ein V-Mann, der sie bereits 2006 von einem anderen - enttarnten und mittlerweile verstorbenen - Informanten aus der rechten Szene erhalten haben will: Thomas R. alias

Corelli alias Thomas D. Wussten die beiden V-Leute also bereits damals etwas von der braunen Terrorzelle? Und war vielleicht sogar der Verfassungsschutz eingeweiht? Auf Google Street View ist noch der kleine Gemüse- und Getränkemarkt zu sehen. Das Bild lässt erahnen, in welche alltägliche Normalität der Mord einschlug. Eine offizielle Entschuldigung an die Familie Tasköprü von Seiten der ermittelnden Behörden hat es bislang nicht gegeben. Im Jahr 2014 aber wurde die Parallelstraße in Richtung Innenstadt nach ihrem Sohn benannt.

Rechtsextreme Gewalt: Hamburgs brauner Faden

Der kaltblütige Mord in der Schützenstraße war nicht das erste tödliche Verbrechen von Neonazis in der Hansestadt. 1980 verbrannten in der Halskestraße 72 in Billbrook zwei vietnamesische Flüchtlinge, nachdem drei mit Benzin gefüllte Flaschen zwischen ihren Betten explodiert waren. Heute steht an dieser Stelle ein Hotel, damals hatte die Stadt dort in einem schmucklosen Gewerbebau Flüchtlinge untergebracht.

Ngoc Chau Nguyên und Anh Lân Dô waren sogenannte „Boat People", die zuvor von der Cap Anamur aus dem chinesischen Meer gerettet worden waren. Der Brandanschlag der rechtsradikalen „Deutschen Aktionsgruppen" (DA) rund um den Alt- und Neonazi Manfred Roeder war einer der ersten politisch-rassistisch motivierten Morde in Deutschland nach 1945.

Anfang 1982 kam es in Stuttgart-Stammheim zum Prozess gegen die vier Mitglieder der DA. Roeder erhielt 13 Jahre Haft, wurde 1990 wegen guter Führung und günstiger Sozialprognose entlassen. Schon 1996 stand er in Erfurt wegen eines Farbanschlags gegen die Ausstellung „Verbrechen der Wehrmacht" erneut vor Gericht. Den Prozess besuchten viele bekannte Neonazis, unter ihnen Uwe Mundlos und Uwe Böhnhardt. Die späteren „NSU"-Terroristen entrollten im Gerichtsgebäude Protesttransparente.

Die Gräber von Ngoc Chau Nguyên und Anh Lân Dô sind mittlerweile aufgelöst, die Morde aus Hamburgs Gedächtnis nahezu verschwunden. An den Tod von Ramazan Avci erinnert hingegen der gleichnamige Platz in der Nähe des Ortes seiner Ermordung bei der S-Bahn Landwehr. Eine Gruppe Nazi-Skins, die die damalige Bahnhofskneipe zu ihrem Treffpunkt gemacht hatte, griff von dort aus im Dezember 1985 Ramazan Avci, dessen Bruder und

einen Freund an. Während Letztere gerade noch rechtzeitig fliehen konnten, geriet Avci in die Gewalt seiner Verfolger, die ihn anschließend mit solcher Brutalität bewusstlos schlugen, dass er am 24. Dezember seinen Verletzungen erlag.
Rechte Skinheads hatten in den Jahren zuvor mehrfach Menschen zu Tode geprügelt: Im Juni 1982 erschlugen sie in Norderstedt den 26-jährigen Tevfik Gürel. Im selben Jahr erlag Adrian Maleika seinen Verletzungen im Altonaer Krankenhaus. Der Werder-Bremen-Fan war bei einem Pokalspiel im Volksparkstadion von Skinheads und Mitgliedern des gewalttätigen HSV-Fanclubs „Die Löwen" angegriffen worden. Maleika flüchtete in ein Gehölz, wo ihn ein Skinhead entdeckte, ihm einen Stein an den Kopf warf und ihn brutal zusammentrat. Drei Jahre später erschlugen rechte Skins in Langenhorn Mehmet Kaymakcı. Nach einer Kneipennacht zerrten die drei jungen Männer den 29-jährigen Maurer in ein Gebüsch beim Kiwittsmoor und erschlugen ihn mit einer Betonplatte.
Auch in den eigenen Reihen mordeten Hamburger Neonazis: Am 29. Mai 1981 lockte Friedhelm Enk, Mitglied der „Aktionsfront Nationaler Sozialisten" (ANS), den „Kameraden" Johannes Bügner aus dem „Can-Can" in St. Georg. Das Lokal in dem Gebäude Spadenteich 1-3 war zweigeteilt: Im vorderen Teil befand sich ein Strichertreff, hinten trafen sich Rechtsradikale um Michael Kühnen und Christian Worch. Friedhelm Enk und seine Komplizen wollten die ANS von Homosexuellen „säubern". Sie fuhren mit Bügner an den Stadtrand, wo sie ihn mit 22 Messerstichen töteten. Anschließend warfen die Männer das blutige Messer in die Alster und begossen ihre Tat in einer Wohnung in der Großen Brunnenstraße in Ottensen.

Beim Alten Schützenhof / Bartholomäusstraße, Barmbek

Ein Gentleman-Verbrecher. Der Lord von Barmbeck

Wenn Julius Adolf Petersen das geahnt hätte. Unter dem Claim „Lord von Barmbeck - Wohnen im Komponistenviertel" wirbt ein Immobilienprospekt für Eigentumswohnungen, für die das alte Eckhaus in Barmbek luxuriös saniert wurde. In dem Gebäude betrieb Petersen von 1904 bis 1908 eine Kellerkneipe. Die kleinen Fenster verdunkelte er nach der Sperrstunde, um einen Spielclub aufzuziehen. In Ganovenkreisen erwarb Petersen sich Ansehen, weil er effektiv und ohne Skrupel Polizisten aus dem Haus prügelte.

Nach dem Ersten Weltkrieg begann seine erfolgreiche Zeit als Einbrecher. Sein spektakulärster Coup war der Überfall auf das Postamt in der Susannenstraße im Schanzenviertel. Rund eine halbe Million Reichsmark erbeutete der Lord mit seinen Komplizen. Seiner Geliebten und langjährigen Weggefährtin kaufte er davon eine Pension in den Colonnaden 21, hielt sie dort aber wie eine Gefangene und misshandelte sie. Nach jahrelanger Suche verhaftete ihn die Polizei im Sommer 1921 in der Pension. Der Lord von Barmbeck hatte sich in einem Kleiderschrank versteckt.

Obwohl zu 15 Jahren Zuchthaus verurteilt, kam Petersen 1932 wegen guter Führung frei, wurde aber am 14. Juni 1933 erneut verhaftet. Dass der Lord von Barmbeck dann aus Furcht, wieder in den Knast zu müssen, einen Komplizen verriet; und dass er sich, als er 1933 trotzdem einfuhr, wahrscheinlich aus nackter Angst vor dem brutalen Strafvollzug der Nazis an zusammengeknoteten Socken und Taschentüchern in seiner Zelle aufgehängt hat - das steht nicht im Immobilienprospekt.

Tieloh 20, Barmbek-Nord

Selbstjustiz in Barmbek. Der Fall Andi Z.

Tieloh ist der Name einer gewöhnlichen kleinen Seitenstraße im Hamburger Stadtteil Barmbek-Nord. Die Habicht- mit der Bramfelder Straße verbindend, führt sie an der Auferstehungskirche und einer Stadtteilschule vorbei, in der einst der Reformpädagoge, Schriftsteller und Pazifist Wilhelm Lamszus unterrichtete. Kopfsteinpflaster, viele Bäume, vereinzelte Geschäfte, Mietshäuser unterschiedlichster Art – eine ruhige Wohngegend mit vorwiegend „normaler" Bevölkerung. Was hier am Abend des 15. August 1979 in die kleinbürgerliche Normalität hereinbrach, daran erinnert allenfalls, dass der Fall später den Stoff für ein Musical lieferte.

Ihr Streifzug durch die benachbarten Viertel führte eine Clique von 15- bis 17-Jährigen gegen 21 Uhr in den Tieloh. Auf dem Weg dorthin hatten die fünf angetrunkenen Jugendlichen laut Augenzeugen bereits Autos demoliert und den 19-jährigen Jürgen Z. tätlich angegriffen. An der Ecke Hellbrookstraße, wo der Tieloh einen Knick macht, nahm das Drama seinen Lauf: Ein 49-jähriger Tabakwarenhändler namens Karl-Heinz Hins war auf die krakeelenden Teenies aufmerksam geworden, und zwischen den Jungs auf der Straße und dem Familienvater im ersten Stock der Hausnummer 20 entbrannte ein lautstarker Streit. Einer der Jugendlichen soll das Auto von Hins beschädigt (oder dies zumindest angedroht) haben, dann sei ein Blumentopf aus dem Fenster geflogen. Als ein Jugendlicher aus der Clique Anstalten machte, an der Fassade des Hauses hochzuklettern, holte Hins sein Kleinkalibergewehr aus dem Schrank. Es fiel ein Schuss, durch den Frank H., einer der jugendlichen Marodeure,

20

an der Hand verletzt wurde. Ein zweiter Schuss, den Hins innerhalb von 15 Sekunden vom Fenster seiner Wohnung aus abfeuerte, traf Andreas Z. in den Oberkörper. Das Opfer brach zusammen und wurde anschließend ins Barmbeker Krankenhaus befördert, wo es am selben Abend um 22.45 Uhr auf dem Operationstisch seinen inneren Verletzungen erlag.
Wie die Zeitungen am 23. Oktober 1980 vermeldeten, wurde der Angeklagte Karl-Heinz Hins zunächst freigesprochen. Im Januar 1981 rollte das Hamburger Landgericht den Fall jedoch neu auf. Dabei sahen sich die Richter vor eine bizarre Situation gestellt: Neben widersprüchlichen Aussagen von allen Seiten erwies sich, dass einige der Augenzeugen ihre Version der Geschichte aus dem frisch erschienenen „Stern"-Buch „Andi. Der beinahe zufällige Tod des Andreas Z." von Kai Hermann und Heiko Gebhardt entlehnt zu haben schienen, sodass sich der Vorsitzende Richter Günther Heinsohn bei den befragten Zeugen ein ums andere Mal vergewissern musste: „Haben Sie das nun gelesen oder erinnern Sie sich tatsächlich an die Vorgänge?"
Karl-Heinz Hins, dessen Blutalkoholgehalt zur Tatzeit bei rund 1,5 Promille lag, wurde am 19. Januar 1981 zu einer 37-monatigen Freiheitsstrafe verurteilt. Er ging in Revision, wo er einen Teilerfolg erzielte, indem der Bundesgerichtshof das Urteil im Hinblick auf das Strafmaß aufhob. Am 21. Dezember desselben Jahres erfolgte dann allerdings der endgültige Urteilsspruch: zwei Jahre und zehn Monate Freiheitsentzug wegen Totschlags in einem minder schweren Fall und Körperverletzung. Der Verurteilte ließ bis zum Ende seines Prozesses jede erkennbare Reue vermissen.
1987 enterte das spektakuläre Barmbeker Selbstjustiz-Drama schließlich die Popkultur: Theaterregisseur Peter

Zadek inszenierte den Fall „Andi“ als gleichnamiges Musical in Hamburg. Auf der Bühne des Schauspielhauses mimte ein noch junger Uwe Bohm den prolligen, aber irgendwie auch liebenswerten Teenager Andi, während Heinz Schubert (das unvergessene „Ekel“ Alfred Tetzlaff aus der Serie „Ein Herz und eine Seele“) als faschistoider Spießbürger mit Waffe auf fast schon erschreckende Weise in seiner Rolle aufging. Die unheilschwangere Bühnenmusik steuerten die Einstürzenden Neubauten bei. Aufgrund ihrer enormen Lautstärke wurden vor der Aufführung am Eingang Ohrstöpsel für die Gäste verteilt.

Wachtelstraße 53A, Barmbek-Nord

Hochsicherheitsnest. Der Paranoiker Thomas F. im Liebeswahn

Eine beschauliche Kreuzung im Barmbeker „Vogelviertel“: In der Eckkneipe „Meisennest“ wird Darts gespielt. Gegenüber erstrahlen renovierte Häuserreihen in frischem Weiß. Hier wollte auch Thomas F. ein „Nest“ bauen. Oder besser einen „Zwinger“.

Im Sommer 2011 hatte sich der Dreißigjährige in eine Gaststudentin verknallt. Um Shiry V.s Rückkehr nach Israel zu verhindern, entführte er die junge Frau kurz vor ihrer Abreise in seine Wohnung, die für einen längeren und nach außen hin abgeschotteten Aufenthalt vorbereitet war: Es gab tonnenweise Lebensmittel und Hygieneartikel sowie engmaschigen Stacheldraht vor allen Fenstern. An einem jedoch hatte der liebeskranke Psychopath vergessen, den Griff abzumontieren. Dies ermöglichte Shiry V. die Flucht, als Thomas F. kurz auf der Toilette weilte, sodass ihr Martyrium schließlich nur einen Tag dauerte. Nach der Verhaftung von Thomas F. stellte die Polizei in der Wachtelstraße zahlreiche Waffen, Munition, Handschellen und Fußfesseln sicher, außerdem einhundert Feuerlöscher, in denen sie Sprengstoff vermutete, weswegen die gesamte Nachbarschaft vorübergehend evakuiert werden musste. Das bizarrste Bild dieser glimpflich verlaufenen Geschichte bot sich, als die Beamten mithilfe eines Kranwagens eine alte Straßentelefonzelle aus dem Hochparterre wuchteten. Die hatte sich der paranoide Entführer besorgt, um abhörsicher kommunizieren zu können. Thomas F., der den Behörden schon lange als hartnäckiger Stalker bekannt war, sitzt heute in einer geschlossenen Psychiatrie. Auf unbestimmte Zeit.

Bergedorfer Straße 47, Bergedorf

Gegen die Wand. Crash-Kid Dennis

Fast wie auf einer Autobahn fährt es sich auf der vierspurigen B5 in Richtung Osten, vorbei am „Porsche Club Hamburg e.V." in Hamm, dem Gelände des „Modellautoclubs Hamburg e.V." in Billstedt – und dem Unfallkrankenhaus in Boberg. Beim Ortseingang Bergedorf zeugen Tempo-60-Schilder und Blitzerkästen von dem Bemühen, allzu sportliche Fahrer zu bremsen. Dennis N. dürfte das wenig beeindruckt haben. Im Juli 1992 raste er an dieser Stelle, kurz vor den beiden gegenüber liegenden Tankstellen, mit einem gestohlenen Opel Rekord gegen eine Mauer. Sein 13 Jahre alter Beifahrer starb. „Mein Maserati fährt 210, schwupp die Polizei hat's nicht geseh'n, das macht Spaß! Ich geb' Gas, ich geb' Gas!" Was NDW-Sänger Markus zehn Jahre zuvor als Vergnügen besungen hatte, war für Dennis N. schicksalhafte Obsession. Seinen ersten Opel klaute er mit zehn. Zwei Jahre später hing er regelmäßig in der Crash-Kid-Szene am Hauptbahnhof herum. Als er den tödlichen Unfall in Bergedorf baute, war er noch nicht strafmündig und wurde für zwei Jahre in ein finnisches Jugenddorf geschickt. Ein nicht nur von den Boulevardmedien befeuerter Streit um die sogenannte Erlebnispädagogik entbrannte. Dass Dennis N. nach seiner Rückkehr sofort wieder mit gestohlenen Autos durch die Stadt raste, war Wasser auf die Mühlen der Kritiker. Als er an einem Resozialisierungsprojekt in Polen teilnahm und weitere Autos knackte, landete er dort für vier Jahre hinter Gittern. Zurück in Hamburg wurde er immer wieder mit denselben Delikten auffällig, zuletzt 2014. Da war er 35 Jahre alt. Und hatte sein Leben schon längst gegen die Wand gefahren.

Nackte Leichen im Nachkriegswinter. Der Trümmermörder

Eine Wohnsiedlung aus der Nachkriegszeit, mit großen Rasenflächen, Bäumen und Kinderspielplatz. Wie anders muss es hier unmittelbar nach dem Zweiten Weltkrieg ausgesehen haben. Bereits in der ersten Nacht der Bombardierungen Hamburgs durch die Alliierten im Juli 1943 waren weite Teile Eimsbüttels zerstört worden. Trümmergrundstücke waren auch nach dem ersten Nachkriegswinter ein alltäglicher Anblick. Nicht jedoch die nackte Leiche, die Schrottsammler am 25. Januar 1947 auf einem solchen in der Collaustraße fanden. Die Straße ging damals von der Lappenbergsallee in Richtung Süden ab; sie wurde mit der heutigen Siedlung überbaut.
Der Tote in der Collaustraße setzte die Polizei in äußerste Alarmbereitschaft. Hatten Kinder doch nur fünf Tage zuvor in Hohenfelde eine ebenfalls unbekleidete Leiche gefunden. Und es sollte keine Woche vergehen bis zum nächsten grausigen Fund, dieses Mal an der Billstraße. Wenig später folgte die vierte Entdeckung einer Trümmerleiche. Dann riss die Mordserie ab.
Niemand meldete die Toten als vermisst. Die Polizei konnte sie nie identifizieren und lediglich warnen, nur in der Mitte der Straßen zu gehen, damit man nicht aus Kellern oder Trümmern heraus angefallen würde. Nachts versank die Stadt wegen der zerstörten Infrastruktur in Dunkelheit. Die Angst ging um unter den Hamburgern, von denen viele in diesem Schreckenswinter mit Minustemperaturen von zwanzig Grad in Notunterkünften lebten.
Der Mörder wurde nie gefasst. Wenn er alt geworden ist, könnte er immer noch unter uns leben, vielleicht sogar in dieser Wohnsiedlung.

„Wider den undeutschen Geist“. Befremdliches Erinnern am Kaifu

Wo die Kids heute ihre Lernmaterialien zur Schule tragen, versammelten sich am 15. Mai 1933 Studenten und SA-Mitglieder, um Bücher zu verbrennen. Dabei landeten Werke von Bertolt Brecht, Franz Kafka und anderen Schriftstellern im Feuer. In den folgenden Wochen wiederholten die Nazis ihre „Aktion wider den undeutschen Geist“ in St. Georg, Bergedorf und Lohbrügge.

„Nie wieder Faschismus, nie wieder Krieg!“, steht seit 1985 auf einer der Granittafeln am „Kaifu“-Mahnmal. Ein weiterer Text zitiert Heinrich Heines prophetische Zeile, nach der man am Ende auch Menschen verbrenne, wo zuvor Bücher verbrannt würden. Eine andere Inschrift irritiert allerdings, weil sie über die Metapher des „Feuersturms“ einen Bogen von Auschwitz und Birkenau nach Hiroshima und Nagasaki schlägt.

Was den Umgang mit der Vergangenheit angeht, bietet diese Gegend noch mehr Befremdliches: Das Geländer der Eimsbütteler Brücke steckt nämlich nach wie vor voller verborgener hakenkreuzähnlicher Ornamente, die Neonazis durch entsprechende Übermalung immer wieder sichtbar zu machen versuchen. Die ETV-Sportplätze beidseits der Bundesstraße waren bis vor wenigen Jahren nach NSDAP-Mitgliedern und -Sympathisanten benannt. Und am Vereinsgebäude der Traditionssportler sorgen zwei Swastika-ähnliche „Turnerhakenkreuze“ (mit den vier Fs für „frisch, fromm, fröhlich, frei“) trotz einer Schrifttafel, die die Verwandtschaft der bündischen Symbole mit dem Hakenkreuz der Nationalsozialisten erläutert, weiterhin für Diskussionsstoff. Das alles in direkter Nachbarschaft zur Synagoge an der Hohen Weide.

Ein tödliches Geheimnis. Der „Horrorcrash“ von Eppendorf

Ein viereckiges Beet, in der Mitte ein kleiner Baum, drumherum Sitzgelegenheiten. Hier sieht es eigentlich aus wie schon immer. Aber die Holzbänke sind neu. Eine davon durchzieht ein dicker Riss, der auf eine ins Holz eingelassene Metallplakette hinführt. Darauf sind vier Namen zu lesen. Und ein Datum.

Am Nachmittag des 12. März 2011 raste ein Pkw mit überhöhter Geschwindigkeit die Eppendorfer Landstraße hinunter, überfuhr eine rote Ampel, rammte einen anderen Pkw, überschlug sich und landete auf dem Bürgersteig, wo der Lehmweg in den Eppendorfer Baum einmündet. Günter Amendt, Angela Kurrer, Sibylle Mues und Dietmar Mues, die sich in diesem Moment als Fußgänger dort aufhielten, wurden von der Wucht des Autos getroffen und starben an den Folgen des Unfalls. Weitere Passanten und Radfahrer wurden verletzt. Wie sich herausstellte, war der Verursacher des von der lokalen Boulevardpresse so bezeichneten „Horror-Crashs“ trotz seiner Epilepsie-Erkrankung und der Gefahr von möglichen Krampfanfällen ins Auto gestiegen. Außerdem gab die Polizei bekannt, dass Caesar S. zuvor Cannabis konsumiert und in der Vergangenheit bereits mehrere Unfälle verursacht habe.

Günter Amendt, eines der Opfer, war ein angesehener Sozialwissenschaftler. Zu seinen Forschungsbereichen zählten die Themen Sexualität und Drogen. 1979 veröffentlichte er das vielbeachtete und -diskutierte Buch „Sexfront“. Außerdem galt er als kluger Kritiker der hiesigen Drogenpolitik. So wendete er sich etwa Ende der 1990er Jahre öffentlich gegen die von ihm als heuchlerisch bezeichnete „Keine Macht den Drogen“-Kampagne,

wobei er deren Aushängeschild Michael Schumacher, „Protagonist einer riskanten Extremsportart“, die zudem auch noch stark von der Tabakindustrie unterstützt werde, jede Vorbildfunktion absprach.
Wenige Tage nach Amendts Unfalltod wollten Journalisten unter anderem von „Mopo“ und „Spiegel“ ihrer Leserschaft die tragische Ironie dieses Falls nahebringen: hier der Drogie, der sich berauscht ans Steuer setzt, dort der Mann, der seit Jahren der Legalisierung weicher Drogen das Wort redet – und dann ausgerechnet von einem Kiffer totgefahren wird. Diese journalistische Zuspitzung wurde allerdings durch das Gerichtsurteil entkräftet, das Caesar S. zwar Verantwortungslosigkeit, ein „hohes Maß an Pflichtwidrigkeit“ und „bedingten Vorsatz“ vorwarf, jedoch nicht wegen seines Cannabis-Konsums in der Nacht zuvor (diesen Punkt vernachlässigten sogar die Ankläger), sondern weil er seine Krankheit gegenüber Ärzten und Familienmitgliedern jahrelang verschwiegen oder verharmlost hatte, um ja nicht seine Fahrerlaubnis abgeben zu müssen.
Der „Todesraser von Eppendorf“ wurde zu drei Jahren und sechs Monaten Haft wegen fahrlässiger Tötung in vier Fällen, fahrlässiger Körperverletzung und vorsätzlicher Gefährdung des Straßenverkehrs verurteilt. Neben der Haftstrafe verhängte das Gericht eine fünfjährige Führerscheinsperre. Caesar S. erklärte, dass er für immer auf seine Fahrerlaubnis verzichten wolle. Eine zu späte Einsicht.

Butenfeld 34, Eppendorf

Tödliche Drogenpolitik. Brechmitteleinsatz am UKE

Das Gebäude N81 befindet sich am abgelegenen Nordende des riesigen Eppendorfer Klinikareals. Seine Auffahrt ist zur Straße hin durch zwei Stahltore und einen Zaun mit Stacheldraht gesichert. Halten ist hier nur zu bestimmten Uhrzeiten erlaubt. „Bestatter frei" steht auf einem der Schilder.

Das Universitätsklinikum in Eppendorf ist für seine medizinischen Leistungen weltbekannt. Sein Institut für Rechtsmedizin hat es aber zu traurigem Ruhm gebracht: Achidi John war am 9. Dezember 2001 von Zivilfahndern in St. Georg wegen des Verdachts auf Drogenhandel aufgegriffen worden. In der Rechtsmedizin des UKE sollte er ein Brechmittel einnehmen, weil die Polizisten davon ausgingen, dass der mutmaßliche Dealer seine Ware vor seiner Festnahme verschluckt hatte. Da John sich weigerte, führte ihm eine Medizinerin den Sirup durch die Nase ein, während mehrere Beamte den Verdächtigen festhielten. John brach in Panik aus, kurze Zeit später stand sein Herz still.

Als Achidi John starb, war Hamburgs rot-grüne Regierung, die zunächst Bedenken gegen die Brechmitteleinsätze geäußert, sich im Wahlkampf aber als Hardliner gegen die Drogenkriminalität präsentiert hatte, gerade aus dem Amt geflogen. Unter Bürgermeister Ole von Beust (CDU) und dem neuen Innensenator Ronald Schill (PRO) kam das Brechmittel weiterhin zum Einsatz. 2006 ächtete der Europäische Gerichtshof für Menschenrechte die Zwangsverabreichung von Brechmitteln als Folter. An Achidi John erinnert heute ein kleiner Platz gegenüber der Roten Flora.

Mohammed Atta. Der Schläfer an der Nerd-Uni

Ein gewöhnlicher Vormittag auf dem Campus der Technischen Universität Harburg: Ein paar Studenten erzählen sich Gags aus „The Big Bang Theory“, einer Comedy-Serie über eine Clique junger Wissenschaftsnerds. Dahinter begutachten ihre Kommilitonen den bemitleidenswerten Zustand von Haus B, das etwas abseits des rotgeklinkerten Uni-Präsidiums steht.
Während das Hauptgebäude seit 2012 in neuem Glanz erstrahlt, steht die Baracke im Hof schon lange leer. Entsprechend sieht es darin aus: überall kaputtes Mobiliar, die Wände voller Graffiti und Aufkleber. Ein Sticker lässt wissen: „Wer Gott nicht kennt, der braucht ihn nicht“. Ein anderer fordert schlicht: „God free youth“. Vor zwanzig Jahren war der Bau noch etwas besser in Schuss. Da wurde er von der Studentenvertretung der TU genutzt und stand für verschiedene Zwecke zur Verfügung. Zum Beispiel als Gebetsraum für Mohamed el-Amirs Islam AG.
Der gebürtige Ägypter hatte zuvor in Kairo ein Architekturstudium abgeschlossen. Seit 1992 studierte er Städtebau und Stadtplanung in Harburg. Er stand kurz vor der zweiten Diplomierung. Das Thema seiner Arbeit war „Khareg Bab-en-Nasr. Ein gefährdeter Altstadtteil in Aleppo“. Die Besprechungen mit seinem Betreuer fanden in dessen Arbeitsraum in einer kleinen Dachkammer des Universitätsgebäudes statt.
Amir galt bei seinen Professoren als zurückhaltender Mensch, disziplinierter Schüler und gläubiger Moslem. Nicht weit von der Schwarzenbergstraße entfernt teilte sich der angehende Ingenieur mit zwei weiteren Männern

eine bescheidene Wohnung. Dort empfingen sie Freunde, kochten gemeinsam oder lasen sich aus dem Koran vor. Die Moscheen in St. Georg, die die Mitglieder der Wohngemeinschaft regelmäßig besuchten, waren mit der S-Bahn von der Station Harburg-Rathaus aus ebenfalls schnell zu erreichen.

Nachdem er sein Diplom an der TU bestanden hatte, erweiterte sich Amirs Handlungsradius. Er reiste nach Afghanistan, Spanien und in die USA. Dort wollten sich Amir und Marwan Yousef al-Shehhi, der auch in Harburg studiert hatte, zu Berufspiloten ausbilden lassen. Da beide erst im zweiten Anlauf erfolgreich waren, kostete sie die Lizenz am Ende ein kleines Vermögen. Das Geld dafür schickte der Neffe eines Scheichs aus Dubai.

Diese Investition war nötig, um einen monströsen Plan in die Tat umzusetzen. Die Al-Qaida-„Schläfer“ aus Harburg lagen nämlich in den letzten Vorbereitungen für das wohl spektakulärste Attentat der Weltgeschichte. Amir, der schon bald als Mohammed Atta bekannt werden sollte, war ihr Rädelsführer. Sein Testament hatte der ehemalige Musterstudent bereits im Jahr 1996 verfasst.

Als Kind hatte Mohamed el-Amir von seinem Vater den Beinamen „Atta“ erhalten. Das bedeutet im Arabischen so viel wie „Geschenk“ oder „das, was kommen wird“. Der Name hat also einen positiven Beiklang. An dem unscheinbaren Haus in der Marienstraße 54 haftet hingegen seit „Nine Eleven“, dass es als Treffpunkt der „Hamburger Terrorzelle“ zur Vorgeschichte des grausamen Anschlags gehört. Und was wird aus Haus B, der alten Baracke im Hof der TU? Demnächst wohl ein Haufen Schutt. Ihr Abriss ist beschlossene Sache.

rlachstraße
HH SU 1705
HK B 1212

Dorfstraße 99, Hasloh

Doppelter Triebwerksbrand. Notlandung auf der A 7

Dichter Verkehr rauscht unter der Autobahnbrücke hindurch. Am 6. September 1971, zwei Monate nach der Freigabe der neu gebauten A7, waren es noch nicht so viele Autos. Aber immer noch zu viele für die Notlandung eines Flugzeugs mit 115 Passagieren und sechs Besatzungsmitgliedern an Bord.
Genau zu der hatte sich Flugkapitän Reinhold Hüls entschlossen. Die Maschine der Fluggesellschaft „Paninternational" war um 18.19 Uhr in Hamburg-Fuhlsbüttel gestartet. Sie hatte die Höhe von 250 Metern erreicht, als beide Triebwerke der BAC 1-11 Feuer fingen und ausfielen. Reinhold Hüls musste schnell handeln. Eine Rückkehr zum Flughafen war nicht möglich. Die Autobahn in Richtung Norden war voll, die Gegenseite dagegen frei. Ein Augenzeuge aus dem Flugzeug erinnert sich, dass die Maschine gerade noch über eine Hochspannungsleitung schlingerte, bevor die Autobahn direkt unter ihr auftauchte.
Mit 200 Stundenkilometern, fast doppelt so schnell wie bei normalen Landungen, setzte sie auf. Das Flugzeug wurde links herumgerissen und schoss unter der Autobahnbrücke durch. Einer der Brückenpfeiler, den heute ein buntes Graffito mit dem Titel „Fuck the World" ziert, trennte das Cockpit ab. Der Rumpf schlitterte auf der Autobahn weiter. Eine der beiden Tragflächen schlug eine Kerbe in den Stamm einer Eiche, die an dem Baum noch heute zu sehen ist. Ein Weg parallel zur Autobahn in Richtung Norden führt dorthin. Wo er beginnt, steht ein Schild: „Durchfahrt für Fahrzeuge aller Art verboten".

Dorfstraße 99, Hasloh

Als die ersten Rettungskräfte an der Absturzstelle eintrafen, mussten sie rasch handeln. Der Flugkapitän hatte vor der Notlandung keine Zeit mehr gehabt, das Kerosin aus den Tanks zu lassen. Es hatte sich in einem Graben ausgebreitet und entzündet.
Die Passagiere konnten aus dem Flugzeug geborgen werden, doch nicht alle lebend: 17 Reisende und ein Crewmitglied waren sofort tot. Sie hatten direkt hinter dem Cockpit gesessen. Von den 99 Überlebenden wurden 45 zum Teil schwer verletzt. Vier von ihnen starben später im Krankenhaus.
Schnell quoll die Autobahnbrücke von Schaulustigen über. Von hier aus konnten sie am besten das Trümmerfeld aus Flugzeugteilen und Koffern begaffen, mit Überlebenden in blutigen Hemden zwischen Helfern und Reportern.
Die erst 1970 gegründete Fluggesellschaft Paninternational musste nach dem Unglück Insolvenz anmelden. Die Ursache für den Ausfall beider Triebwerke war Schlamperei gewesen. Die Tanks der Wassereinspritzung für die Kühlung der Turbinen hatten neben Wasser auch brennbares Kerosin enthalten. Um eine voll beladene BAC 1-11 sicher abheben zu lassen, wurde während des Starts zwecks kurzzeitiger Schubkraftsteigerung demineralisiertes Wasser zur Kühlung in die Triebwerke eingespritzt. Auf dem Flughafen Düsseldorf hatte ein Mitarbeiter von Paninternational bei Reparaturarbeiten Kerosin in zwei Kanister abgefüllt. Ein Flugzeugelektriker räumte sie ins Lager. Die Unglücksmaschine nahm sie zusammen mit drei Kanistern Wasser mit nach Hamburg, wo sie in die Maschine gefüllt wurden. Das konnte passieren, weil sich beim Personal in Düsseldorf die Schichten überschnitten hatten, ohne dass die Verantwortlichkeiten klar geregelt waren. Wie aber war eine derartige Schlamperei dem Luftfahrt-Bundesamt entgangen?

Ins Visier der Ermittler geriet der Bundestagsabgeordnete Karl Wienand. Der parlamentarische Geschäftsführer der SPD-Fraktion war für Paninternational tätig gewesen – gegen ein Beraterhonorar von 162.500 D-Mark. Hatte er dafür die Fluggesellschaft vor einer Prüfung durch das Luftfahrt-Bundesamt geschützt? Ein Untersuchungsausschuss des Bundestags kam wegen eines Parteienstreits zu keiner abschließenden Bewertung. Für den einflussreichen Strippenzieher Karl Wienand begann ein langer Absturz: Verdacht der Bestechung eines CDU-Abgeordneten beim Misstrauensvotum gegen Willy Brandt, Verurteilung wegen Steuerhinterziehung, Annahme von Schmiergeld beim Bau einer Müllverbrennungsanlage in Köln. Der endgültige Crash erfolgte 1997 mit der rechtskräftigen Verurteilung wegen langjähriger Spionage für die DDR.

Tödlicher Gleisbruch. Zugunglück in Hohenfelde

Täglich rollen Autolawinen über sie hinweg. Unter ihr rattern S- und Fernbahnen im Minutentakt vorbei. Die 1958 errichtete Wallstraßenbrücke ist Teil eines der wichtigsten Verkehrsknotenpunkte der Stadt. Vor ihrem Bau führte hier eine ältere Rundbogenbrücke mit verziertem Geländer über die Gleise. Sechs Jahre bevor sie der schmucklosen neuen Brücke weichen musste, wurde sie zum Schauplatz eines der schwersten Bahnunglücke in der Hamburger Geschichte.

Am Morgen des 18. September 1952 entgleiste unmittelbar vor der Wallstraßenbrücke der Schnellzug Lübeck-Hamburg auf dem Weg zum Hamburger Hauptbahnhof. Trotz gedrosselter Geschwindigkeit waren die Folgen verheerend: Während die Lokomotive auf den Schienen blieb, prallten die entgleisten Waggons mit einer solchen Wucht gegen den steinernen Brückenpfeiler, dass dabei acht Menschen starben und zahlreiche Passagiere schwere Verletzungen erlitten. Als Unfallursache ermittelte die Staatsanwaltschaft einen Bruch in der veralteten Gleisanlage.

In den 1950er und 1960er Jahren sorgten noch weitere Unfälle im Hamburger Bahnnetz für Schlagzeilen. Diese gingen aber immer auf menschliches Versagen zurück. Vor allem das Unglück vom 5. Oktober 1961, das sich nur wenige Hundert Meter südlich der Wallstraßenbrücke am Berliner Tor ereignete und 28 Menschen das Leben kostete, blieb im kollektiven Gedächtnis haften – wahrscheinlich wegen des spektakulären Anblicks eines S-Bahn-Waggons, der der Länge nach von einem Stahlträger „aufgespießt“ worden war.

ICE

Guillotine im Gefängnishof. Hinrichtungen am Holstenglacis

Hohe Mauern, Stacheldraht, Überwachungskameras. Das Untersuchungsgefängnis wirkt wie eine mehrfach gesicherte Festung. Der Weg auf der Parkseite führt fast in Rufweite an den Fenstern der Insassen vorbei. Mehrere Schilder verbieten ausdrücklich jede Art von Kontaktaufnahme. Ein Trampelpfad durch das Gebüsch verrät allerdings, dass dieses Verbot häufig ignoriert wird. Ob von hier aus auch das Fallbeil zu hören gewesen wäre, mit dem man früher im Gefängnishof Menschen geköpft hat?

Hamburgs Gauleiter Karl Kaufmann ließ bis 1936 alle Enthauptungen noch mit dem Handbeil vornehmen, weil er die Guillotine als „undeutsch" empfand. Dann erklärte das Reichsjustizministerium das Hamburger Untersuchungsgefängnis zu einer der zentralen Hinrichtungsstätten des „Dritten Reichs", und die „Hamburger Guillotine", die bereits im Kaiserreich zum Einsatz gekommen war (siehe auch Kapitel „Elisabeth Wiese") und in der Weimarer Republik vorübergehend geruht hatte, wurde reaktiviert. Durch sie starben unter den Nazis zahlreiche Antifaschisten und Widerstandskämpfer aus ganz Deutschland und Europa.

Am Haupteingang der Haftanstalt erinnern eine Schrifttafel sowie mehrere Stolpersteine an die rund 500 Menschen, die während der NS-Zeit am Holstenglacis ihr Leben ließen. Weitere Gedenktafeln sind an der rückwärtigen Backsteinmauer zu den Wallanlagen hin angebracht. Das Fallbeil ist seit 2001 im Hamburg Museum ausgestellt. Es zählt mit Abstand zu den gruseligsten Exponaten des Hauses.

Schaltzentrale und Folterkeller. Das Gestapo-Quartier an der Stadthausbrücke

Die denkmalgeschützten Fassaden an der Stadthausbrücke sind seit Jahren eingerüstet. Nach Abschluss der Bauarbeiten werden an dieser Stelle die „Stadthöfe“ eröffnen, für die eine gemischte Nutzung aus Einzelhandel, Gastronomie und Büros vorgesehen ist. Ein Hotel und Wohnungen der oberen Preiskategorie sind außerdem geplant. Im Keller des Stadthauses wird eine Dokumentationsstätte eingerichtet, die an die Funktion des Gebäudekomplexes zwischen 1933 und 1945 erinnern soll.
Das Häuserensemble war im 19. Jahrhundert Sitz der Hamburger Stadtverwaltung und der Polizei. Unter NS-Herrschaft entstand hier die norddeutsche Zentrale der „Geheimen Staatspolizei“, deren Hauptaufgabe es war, Gegner des Hitler-Regimes mit aller Härte zu verfolgen. Neben linken und kirchlichen Oppositionellen gerieten auch Homosexuelle und Mitglieder der Swing-Jugend ins Visier der Gestapo. Viele kamen durch die Misshandlungen, denen sie bei den „verschärften Vernehmungen“ ausgesetzt waren, ums Leben.
Bevor das Stadthaus zur Baustelle wurde, erinnerten eine Schrifttafel und drei „Stolpersteine“ an die Verbrechen, die die Nazis hier verübt hatten. Die vorgesehene Gedenkstätte in den ehemaligen Folterkellern der Gestapo nannte der Historiker und ehemalige SPD-Senator Joist Grolle 2008 „eine Bewährungsprobe für die Erinnerungskultur unserer Stadt“. Man darf gespannt sein, wie die Eigentümer und Gewerbetreibenden der „Stadthöfe“ diese Bewährungsprobe bestehen.

Es gibt ein Recht

Heldentod in Nienstedten. Der Untergang der „Primus"

Das Elbufer zwischen Övelgönne und dem Blankeneser Treppenviertel gehört zu den beliebtesten Ausflugsorten für Hamburgerinnen und Hamburger, die der Hektik der Großstadt entfliehen wollen. Nördlich der Elbchaussee reihen sich mit Jenisch-, Wesselhöft- und Hirschpark mehrere prächtige Grünanlagen aneinander. Der Strandweg führt direkt am Wasser entlang. Wenn es warm genug ist, wagt auch mal jemand den Sprung in die Elbe, obwohl der Fluss mit dem regen Schiffsverkehr und den damit verbundenen, teils gefährlichen Strömungen nur bedingt zum Baden einlädt.
Schon vor über hundert Jahren war die Elbe als Wasserstraße stark befahren und nicht ganz ungefährlich. Und so führte eine Kollision zweier Schiffe auf der Höhe Nienstedtens in der Nacht zum 21. Juli 1902 zu einer Tragödie, die als einer der schwersten Unfälle auf der Elbe in die Geschichte Hamburgs eingehen sollte: Auf dem Weg von Buxtehude über Cranz nach Altona und Hamburg kreuzte der Vergnügungsdampfer „Primus" kurz nach Mitternacht das Fahrwasser des Schleppers „Hansa" und wurde von diesem seitwärts gerammt. Die beiden Schiffe verkeilten sich zunächst ineinander. Als die stark beschädigte „Primus" sich von der wesentlich kräftigeren „Hansa" löste, trieb sie ab und sank innerhalb weniger Minuten. An Bord des Ausflugsschiffs gab es keine Rettungsringe oder Schwimmwesten. Das einzige Rettungsboot kenterte und sank ebenfalls. Einige der Passagiere des mit 200 Menschen überbelegten Raddampfers konnten sich auf den Schlepper retten, andere auf die zufällig vorbeifahrende „Delphin". Mindestens die Hälfte der

„Primus"-Passagiere, die zusammen mit dem sozialdemokratischen Arbeitersängerverein Liedertafel „Treue von 1887 zu Eilbeck" vom Sommerfest zurückkamen, ertranken hingegen. Die Nachricht vom Unfall verbreitete sich schnell. Eine bis dahin beispiellose Spendenaktion für die Angehörigen der Opfer war die Folge. Postkarten, Lieder und Gedichte taten ein Übriges, um die Katastrophe im Gedächtnis zu halten.
Das Seeamt befand den überlebenden „Primus"-Kapitän Johannes Peter als Mitverantwortlichen des Zusammenstoßes für schuldig - vermutlich, weil er die nördliche Seite des Fahrwassers genutzt hatte, um schneller voranzukommen, und dabei die Vorfahrt des Schleppers missachtet hatte. Die hohe Zahl der Opfer erklärte man sich unter anderem durch die Tatsache, dass viele der Passagiere, meist Arbeiter- und Handwerkerfamilien, schlecht oder gar nicht schwimmen konnten. Und selbst für jene, die es konnten, wäre es aufgrund der Strömung schwierig gewesen, das keine hundert Meter entfernte Ufer zu erreichen - zumal nachts, also bei widrigen Sicht- und Orientierungsbedingungen.
Umso mehr Bewunderung verdient die Geschichte des 19-jährigen Emil Eberhard, der in dieser Nacht mit an Bord der „Primus" war. Nach der Kollision rettete er todesmutig mehreren Menschen das Leben, indem er sie aus dem Schiffsrumpf holte und wie ein Rettungsschwimmer ans Festland brachte. „Beim sechsten Versuch ertrank auch er", so steht es auf dem Gedenkstein für die Opfer der „Primus" und „den jungen Kellner Emil Eberhard" am Nienstedtener Elbufer zu lesen.
Der schlichte Brocken mit der Schrifttafel wurde von der „Patriotischen Gesellschaft von 1765" gestiftet und befindet sich auf der Höhe des Hotels Louis C. Jacob, das seit 1791 seinen Standort an der Elbchaussee hat und

auf mehreren Gemälden verewigt wurde. Die bekanntesten sind Friedrich Kallmorgens „Lindenterrasse von Louis C. Jacob in Hamburg-Nienstedten“ von 1903 und allen voran Max Liebermanns „Terrasse im Restaurant Jacob in Nienstedten an der Elbe“ von 1902, das in der Hamburger Kunsthalle zu sehen ist. Beide stammen aus der Zeit des „Primus“-Unglücks und zeigen eine sommerlich-mondäne Idylle. Mit der „Primus“-Geschichte im Hinterkopf und im Wissen, dass noch Monate und Jahre später Leichen der 103 Unglücksopfer flussabwärts bis nach Wedel gefunden wurden, zeigen die schönen Bilder allerdings eine gestörte Idylle.

„Gern hab' ich die Frau'n gesägt". Fritz Honka

Einst wurde diese Gegend von einfachen Arbeitern bewohnt. Später folgten Migranten vor allem türkischer Herkunft sowie Studenten und Künstler, die die mäßige Bausubstanz vieler Häuser ebenfalls nicht störte. Noch in den 1990er Jahren galt Ottensen als grau und war alles andere als schick oder beliebt.
Mittlerweile könnte man in einigen Straßen auch einen „Pippi Langstrumpf"-Film drehen, denn bestimmte Ecken Ottensens wirken so still und friedlich, dass man fast vergisst, sich in einer Zwei-Millionen-Stadt zu befinden. Wo die Zeißstraße einen Knick macht, um in die Große Rainstraße zu münden, befindet sich die „Evangelische Kindertagesstätte an der Osterkirche". Aus dem Hof oder vom benachbarten Platz hört man jene fröhlichen Geräusche, die eine Horde zum Spielen losgelassener Kinder so macht. Die grausamen Ereignisse, die sich hier in einigen Winternächten 1974/75 zugetragen haben, könnten ein größerer Kontrast zu der heute so freundlichen Stimmung nicht sein.
Fritz Honka wurde 1935 in Leipzig geboren und wuchs in verschiedenen Kinderheimen auf, bevor er mit 16 Jahren in die Bundesrepublik floh. 1956 kam er nach Hamburg, wurde Werftarbeiter bei den Howaldtswerken und später Nachtwächter bei „Shell" in der City Nord. 1967 bezog Honka jene Wohnung in Hamburg-Ottensen, in der die Feuerwehr acht Jahre später nach einem Hausbrand zufällig die Überreste seiner Opfer fand.
Was nach Honkas Verhaftung und während seiner Vernehmung zutage trat, ist nichts für schwache Nerven. Auf seinen nächtlichen Streifzügen durch St. Pauli stieß

74
74

Honka gelegentlich auf Frauen aus dem Milieu, die ihn mit der Aussicht auf Gratisschnaps oder eine vorübergehende Unterkunft nach Hause in die Zeißstraße begleiteten. Diese Nächte endeten mit mehreren Morden, die zunächst unaufgeklärt blieben und, als sie aufgedeckt wurden, aufgrund ihrer grotesken Brutalität für reißerische Schlagzeilen und Artikel in der Presse sorgten. Honka gestand schließlich seine Taten. Da in dem Prozess unter anderem der damals neue Paragraph 21 des Strafgesetzbuchs zur Anwendung kam, konnte man dem Täter „schwere seelische Abartigkeit mit Krankheitswert" attestieren und sprach ihm damit eine verminderte Schuldfähigkeit zu. Der „geistig abnorme Rechtsbrecher" wurde in die psychiatrische Klinik Hamburg-Ochsenzoll eingewiesen. Nach seiner Freilassung lebte Honka unter dem Namen Peter Jensen bis zu seinem Tod im Oktober 1998 in Scharbeutz an der Ostsee.

Der „Volksmund" hatte seine eigene Art, mit dem Grauen umzugehen. Nachdem der Fall Honka von den üblichen Verdächtigen auf dem Presseboulevard ausgeschlachtet worden war, pflegten St. Paulianer die Kneipe „Zum Goldenen Handschuh" als „Honka-Stube" zu bezeichnen. Einen derben Humor legte seinerzeit auch der Hamburger Musiker Karl-Heinz Blumenberg unter dem Pseudonym Harry Horror an den Tag, als er 1975 den Song „Gern hab' ich die Frau'n gesägt" komponierte. Textprobe: „Bum, bum, bum, mit dem Hammer auf den Kopf / eins, zwei, drei, mit dem Beil den Rest zerkloppt / dann, ruck zuck, noch die Knochen durchgesägt / und das zerteilte Fräulein in den Pappkarton gelegt." Das Stück wurde ein kleiner Hit, obwohl die Plattenfirma aus Pietätsgründen von einer breit angelegten Vermarktung der Single absah.

Vom Ende der 1990er Jahre ist die Anekdote überliefert, wie sich zwei Kunden im Altonaer Werkzeug- und Eisenwa-

renhandel August Kruner mehrere Sägen präsentieren ließen. Dabei rutschte dem Verkäufer heraus: „Nehmen Sie doch einfach den Fuchsschwanz. Damit war der Honka auch zufrieden - ist jetzt im Polizeimuseum ausgestellt." Glücklicherweise war den Käufern der Name Honka kein Begriff. Bleibt die Frage, wie viele der späteren Bewohner der Zeißstraße 74 dieses düstere Kapitel der Geschichte beim Bezug des Hauses wohl gekannt haben.

Dompfaffenweg 33, Rahlstedt

Ein ganz normaler Nachbar. Der Säuremörder im Reihenhaus

Eine Reihenhaussiedlung in Rahlstedt. Individuell gestaltete Eingangstüren, bescheidene Gärtchen zur Straße hin - in engster Nachbarschaft markiert hier ein jeder sein eigenes, kleines Reich. Still geht es zu, fast schon dörflich. Umso erstaunlicher, dass niemand mitbekam, welches Grauen sich hier über mehrere Jahre abspielte.

Im September 1991 entführte Lutz Reinstrom die Lebensgefährtin seines verhassten Ex-Chefs und forderte ein Lösegeld von 300.000 D-Mark für die Freilassung der Geisel. Die Aktion ging schief. Reinstrom wurde verhaftet und wegen erpresserischen Menschenraubs zu einer dreijährigen Freiheitsstrafe verurteilt. Der Fall war eigentlich abgeschlossen. Doch eine engagierte Kriminalpolizistin stieß nach Reinstroms Verurteilung auf Indizien, die ihn mit zwei früheren Entführungsfällen in Verbindung brachten. Als die Beamten einer Sonderkommission Reinstroms Rahlstedter Wohnung und das Grundstück seines Wochenendhauses in Basedow durchsuchten, offenbarte sich der ganze Horror: Reinstrom hatte bereits 1986 und 1988 zwei Frauen verschleppt, sie in einem eigens dafür ausgebauten Kriechkeller im Dompfaffenweg festgehalten und dort zu Tode gequält. Die zerstückelten Leichen löste er anschließend in Salzsäurefässern auf und vergrub sie im Garten - während seine Gattin im Urlaub weilte.

Reinstrom wurde 1996 erneut vor Gericht gestellt. Sein eigenes kleines Reich befindet sich seitdem im Hochsicherheitstrakt der JVA Fuhlsbüttel.

33a

Der Wahnsinn eines Fans. Messerattacke auf Monica Seles

Es sieht aus wie ein gerade eingeschwebtes Ufo, das Tennisstadion Rotherbaum mitten in einem der feinsten Stadtteile Hamburgs. Profis aus der ganzen Welt lieferten und liefern sich auf dem roten Sandplatz spannende Matches. An der Innenwand des Stadions sind die Sieger und Siegerinnen der Turniere in Hamburg seit 1896 abgebildet. Die Namen der letzten 25 Jahre kennt man. Unter den Frauen sind es Martina Hingis, Conchita Martínez, Arantxa Sánchez Vicario – und natürlich Steffi Graf, die hier sechsmal gewann.

Monica Seles ist nicht dabei. Obwohl sie am 30. April 1993 längst an Steffi Graf vorbeigezogen war. Doch an diesem Tag stach ihr hier Günter Parche während einer Pause auf der Spielerbank mit einem Messer in den Rücken. Der vereinsamte und psychisch gestörte Günter Parche war ein glühender Verehrer Steffi Grafs. Dass diese ins Hintertreffen geraten war, hatte ihn in Depressionen getrieben und ihm Suizidgedanken bereitet. Mit einem Schlafanzug, einer Wurst, einem Messer und 3.000 D-Mark in einer Plastiktüte fuhr der 38-Jährige von Thüringen nach Hamburg. Er wollte seine Königin auf den Thron zurückbringen. Parche habe bei der Tat wie in Trance gewirkt, sagten Zeugen. Andere beschrieben, er habe beidhändig und wild schreiend auf Monica Seles eingestochen.

Steffi Graf war bald erneut die unangefochtene Nummer Eins. Die Wunde in Monica Seles' Rücken heilte schnell, die psychischen Leiden nicht. Sie begann 1995 wieder mit dem Tennis, konnte aber nicht an ihre Erfolge anknüpfen. Das Ufo am Rothenbaum hat sie nie wieder betreten.

Rothenbaumchaussee 7, Rotherbaum

„Sexy Cora". Tödliche Schönheits-OP in der Alster-Klinik

In den großbürgerlichen Häusern neben dem altehrwürdigen Curiohaus residiert Hamburgs Selbstoptimierungsindustrie. „Straff durch Elektroimpulse" und „30 Mal schneller einen Traum-Body" verspricht dort etwa ein Fitness-Studio. Nebenan sollen Psychotherapie und Business Coaching die Seele stärken und „Transhair" das Kopfhaar. Auch die Alster-Klinik für Ästhetische und Plastische Chirurguie bietet hier ihre Dienste an. Durch die Eingangstür mit Milchglasscheibe dürften schon so einige nicht nur prominente Hamburger gegangen sein, um sich das Gesicht straffen, die Nase richten, die Augen korrigieren oder das Fett absaugen zu lassen.

Als am 11. Januar 2011 um 14 Uhr Carolin Wosnitza alias „Sexy Cora" die Klinik betrat, war dies der letzte Tag, den die Pornodarstellerin bewusst erlebte. Zum fünften Mal wollte sie sich die Brüste vergrößern lassen. Doch bei dem Eingriff kam es zu einem Herzstillstand. Nachdem sie mehrere Tage im Koma gelegen hatte, starb die 23-Jährige neun Tage später an einer Hirnlähmung. Zwei Jahre danach wurde die Anästhesistin zu einer Bewährungsstrafe wegen fahrlässiger Tötung verurteilt.

Natürlich stürzten sich die Medien auf die Geschichte. Schon vor ihrem Tod war Carolin Wosnitza ein mediales Kunstwesen, bis zum Anschlag vermarktet von ihrem Mann und Manager und von sich selbst. Im Internet gibt es Hunderte Bilder von ihr, nackt und halb nackt, mit künstlichen Wimpern, Haaren, Augenbrauen - und Brüsten. Eine Porno-Barbiepuppe.

Ihre Karriere begann Carolin Wosnitza im Alter von 15, als sie in einer Diskothek zur „Miss Arschgeweih" ge-

PLASTISCH · ÄSTHETISCHE
CHIRURGIE
ALSTERKLINIK
7
AL$TER

wählt wurde. Zum ersten Mal hatte sie so mit ihrem Körper Geld verdient. Mit gerade einmal 18 Jahren ließ sie sich in Polen die Brüste vergrößern und zog gemeinsam mit ihrem Mann aus ihrem Dorf in Mecklenburg nach Hamburg. Sie arbeitete zunächst als Prostituierte, wechselte in die Pornobranche und ließ sich beim Sex mit Amateuren filmen, die sich dafür per Mail bewerben mussten. Sexy Cora wurde in Hip-Hop-Songs besungen und schaffte es schließlich auch in den Container von „Big Brother".

Mit der Erschaffung der Kunstfigur „Sexy Cora" sollen Carolin Wosnitza und ihr Mann Millionenumsätze gemacht haben. „Mein Körper ist mein Kapital", ließ das Pornosternchen wahrheitsgemäß verlauten. Und in den investierte Wosnitza, bis diese Spekulation dramatisch schiefging.

Ihr Grab auf dem Ohlsdorfer Friedhof sieht aus, als ob hier ein Teeniestar begraben liegen würde - und keine Pornodarstellerin, die dank einer gegen sich rücksichtslosen Selbstoptimierung Karriere gemacht hatte.

„Tod durch Größenwahn" betitelte die „Süddeutsche Zeitung" eine Reportage über den Prozess um ihren Tod doppeldeutig. Carolin Wosnitza wollte sich die BH-Größe 70 G heranoperieren lassen. Das sind immerhin 800 Gramm Silikon - pro Brust.

„Sexy Cora" war allerdings nur ein auf die Spitze getriebenes Phänomen. Das Geschäft mit der Schönheit ist durch alle Schichten zu einer Selbstverständlichkeit geworden - und längst nicht mehr alleine für Frauen. Imperfektion, Eigenwilligkeit oder Spuren des Alters möchten viele Menschen nicht mehr hinnehmen. Wer dabei sparen will, fährt nach Polen oder Tschechien. Wer Geld hat, findet seinen Gott in Weiß in Eppendorf, Harvestehude oder Rotherbaum. In Alsternähe eben.

„CORA"
CAROLIN WOSNITZA
* 2. 5. 1987 + 20. 1. 2011
Wir vermissen Dich so sehr

Größte Fälschung aller Zeiten. Die Hitler-Tagebücher

Mit dem sogenannten „Affenfelsen“ hatte sich das Verlagshaus Gruner & Jahr 1973 eine der repräsentativsten Lagen ausgesucht, mit Blick auf die Alster und der weißen Villa des US-Generalkonsulats als Nachbarin. Am 25. April 1983 lud der „Stern“ zu einer internationalen Pressekonferenz in das Gebäude.
27 Fernsehteams und 200 Reporter wurden Zeugen der Verkündung einer Sensation: Nichts Geringeres als die Tagebücher Adolf Hitlers wollte das Verlagshaus für 9,3 Millionen D-Mark erstanden haben. Wenig später lag der „Stern“ mit den ersten Abdrucken ihres Inhalts am Kiosk. Der Höhenflug währte kurz. Am 6. Mai 1983 entlarvte das Bundeskriminalamt die Tagebücher als Fälschung. Die bei der Bindung verwendeten Materialien waren erst nach dem Zweiten Weltkrieg hergestellt worden. Verlagsleitung und Chefredaktion waren nicht nur auf den schlitzohrigen Fälscher Konrad Kujau hereingefallen. Sie hatten sich von ihrem eigenen Ressortleiter für Zeitgeschichte, Thomas Walde, und dem „Stern“-Reporter Gerd Heidemann regelrecht übertölpeln lassen; Letzteren plagten Schulden, weil er sich mit dem Kauf der ehemaligen Luxusyacht Hermann Görings übernommen hatte.
Das größte Versäumnis des Verlags lag darin, das Gutachten des BKA nicht abgewartet zu haben. Doch hatte es schon vorher viele Zweifel an der Echtheit der Tagebücher gegeben, von der Beschaffungsgeschichte bis zu Aussagen von Zeitzeugen, dass sich Hitler in dieser Form kaum schriftlich mitgeteilt habe. So aber wurde in dem „Affenfelsen“ die größte Zeitungsente aller Zeiten produziert.

Spione gegen Waffenhändler. Bomben im Kaiser-Wilhelm-Hafen

Seit Juni 2015 ist das neue „Cruise Center" am Kaiser-Wilhelm-Hafen in Betrieb. Das blitzblanke Terminal, ein schnittiger Flachbau in Rot-Grau, sticht aus der von der Industriearchitektur des Hafens geprägten Umgebung deutlich heraus. Die ganze Gegend wirkt, bis auf ein paar Berufstätige und vereinzelte Radfahrer auf dem „Sprung über die Elbe", ziemlich menschenleer. Auf den verbliebenen Brachflächen tummeln sich allerdings überdurchschnittlich viele Kaninchen und Spatzen. Der Kreuzfahrtanleger dürfte, zumindest stoßweise, etwas mehr Verkehr nach Steinwerder bringen. Er verfügt über einen angeschlossenen Parkplatz für 1.500 Pkw sowie getrennte An- und Abreisebereiche, womit die schnelle und unkomplizierte Abfertigung von 8.000 Passagieren pro Anlauf gewährleistet werden soll. Die Anfahrtstraße zum Terminal ist extra ausgebaut worden. Ein kleiner Fähranleger macht außerdem die Anreise über das Wasser möglich. Als der um die Wende zum 20. Jahrhundert entstandene Kaiser-Wilhelm-Hafen zum Hamburger Freihafen gehörte, wurden dort neben Auswanderern und Touristen auch Waren aller Art abgefertigt.

Dazu gehörten unter anderem Waffen, Sprengstoff, Munition, Bauteile. Und deshalb geriet ein hier liegender Frachter namens „Atlas" im Oktober 1958 ins Visier des französischen Auslandsgeheimdienstes. Die Lieferung, beauftragt von dem Hamburger Kaufmann Otto Schlüter, war für den militärischen Arm des „Front de Libération Nationale" (FLN) bestimmt, die führende Kraft im algerischen Befreiungskrieg gegen die französischen Kolonialisten. Um nun diesen Transport zu verhindern,

AIDAbella

wurde das Schiff in einer Nacht-und-Nebel-Aktion durch mehrere unter Wasser gezündete Sprengsätze stark demoliert und damit fahruntüchtig gemacht. Dieser Anschlag der Organisation „La Main Rouge“ (Die Rote Hand) war nur eine von vielen Terroraktionen, die von Paris aus gesteuerte Spione während der heißen Phase des französisch-algerischen Kriegs in ganz Europa durchführten und die mehrere FLN-Mitglieder sowie Unterstützer das Leben kosteten.

Beim Attentat im Kaiser-Wilhelm-Hafen kam kein Mensch zu Schaden. Anders bei zwei weiteren Anschlägen der „Roten Hand“ gegen Otto Schlüter: Im September 1956 detonierte ein Sprengsatz in den Barmbeker Geschäftsräumen seiner Firma, im Juni 1957 eine an seinem Mercedes befestigte Autobombe in Eppendorf. Schlüter selbst überlebte die Attentate, seine Mutter und ein Geschäftsfreund aber starben infolge ihrer schweren Verletzungen. Nach der Sprengung der „Atlas“ im Jahr darauf soll sich Schlüter aus dem Business zurückgezogen haben. Sein Geschäftspartner Georg Puchert, ebenfalls ein wichtiger Waffenlieferant für den FLN, hatte weniger Glück und wurde 1959 durch eine Autobombe in Frankfurt ermordet.

Wie immer geartete politische Absichten kann man Schlüter und Puchert getrost absprechen. Es ging ihnen nicht um die Sache des FLN, sondern ausschließlich um den Profit. Der Krieg zwischen Algerien und Frankreich endete 1962. Hunderttausende Tote waren zu beklagen, die meisten auf Seiten des FLN, zudem eine beträchtliche Zahl von Zivilisten. Die besonders finstere Rolle, die der französische Geheimdienst dabei spielte, blieb jahrzehntelang im Dunkeln, kam aber 1996 noch einmal auf den Tisch, als Constantin Melnik, einst Vertrauter des Premierministers Michel Debré, ein Buch über die Machenschaften der Spionagedienste herausbrachte. Melniks

Buch führte auch dazu, dass der deutsche BND sich zu den damaligen Terroranschlägen äußern musste. Der aber konnte auf Anfrage der Staatsanwaltschaft Bonn „leider keine Erkenntnisse“ liefern.
Dass heute wohl kaum jemand, der am Kreuzfahrtanleger Steinwerder auf einen Dampfer steigt, diese Geschichte gern hören würde, ist verständlich. Denn ohne die Worte „Bombe“ und „Terror“ lässt sie sich nicht erzählen. Und das macht Menschen an einem touristischen Verkehrspunkt wie dem „Cruise Center“ Angst.

Der Hamburger Hafen: Tor zum Tod

Am 2. Juli 1622 muss es auf der Elbe in Höhe Wittenbergen mächtig geknallt haben. Das Schiff eines Hamburger Waffenschmugglers war in die Luft geflogen. Zuvor hatte dieser seine Freunde zu einem Umtrunk an Bord seines in Richtung Spanien auslaufenden Schiffs geladen. Die Feier eskalierte. Die betrunkene Mannschaft feuerte Salven in die Luft. Funken stoben und erreichten ein Pulverfass, sodass die gesamte Ladung des Schiffs explodierte. 45 Menschen kamen bei dem mutwillig herbeigeführten Unglück ums Leben. Als ein Archäologenteam zwischen 1978 und 1981 nach den Überresten grub, fand sich noch ein Fass voller Musketen. Bestimmt waren diese - und noch sehr viele andere Waffen - für die spanische Krone, die sich im Krieg mit den Niederlanden befand. Ein frühes Beispiel dafür, dass der ehrbare Hamburger Kaufmann mit allem handelt, solange dabei ein gutes Geschäft zu machen ist.

Bis heute ist der Hamburger Hafen Umschlagplatz für Waffen und Rüstungsgüter. Nicht selten sind diese für Diktaturen bestimmt. Deutschland ist derzeit der drittgrößte Waffenexporteur der Welt. Wie viele von den Waffen und Rüstungsgütern im Wert von rund acht Milliarden Euro pro Jahr durch den Hamburger Hafen gehen, weiß niemand ganz genau. Die Öffentlichkeit erfährt davon eher durch Einzelfälle.

Am 1. Mai 2013 zum Beispiel brannte die „Atlantic Cartier“. Sie hatte zwanzig Tonnen radioaktive Stoffe geladen und 4.000 Kilo Munition. Hätten Rettungskräfte die Container mit der besonderen Fracht nicht rechtzeitig vom Schiff geholt, wäre es in Hamburg zu einer Katastrophe gekommen. Im Jahr 2014 sollten Panzerteile aus Polen über den Hafen nach Ägypten verschifft werden, wo das Regime gerade Demonstranten mit Panzern hatte überrollen lassen. Die Lieferung wurde gestoppt und lag Monate in Waltershof fest, bis sie wieder zurück nach Polen transportiert werden musste.

Nur eine Gefahrengutdatenbank für Rettungskräfte liefert konkrete Informationen über die umgeschlagenen Mengen, allerdings nicht über die Lieferanten, die Abnehmer und die beteiligten Reedereien. Und trotzdem lässt sich anhand dieser Zahlen, die von dem „Hamburger Bündnis gegen Waffenexporte“ veröffentlicht wurden, das Ausmaß der dunklen Geschäfte erahnen.

Im vierten Quartal 2014 wurden im Hafen allein Panzerteile im Wert von dreißig Millionen Euro und U-Boot-Komponenten für 75 Millionen Euro verladen sowie 257 Container mit Munition. Jeden Tag verlassen also durchschnittlich drei Container mit solchen Kampfmitteln den Hafen. Das sind Hunderttausende Patronen und sonstige Projektile. Jedes einzelne davon kann Menschen töten.

Und Kriegsschiffe? Lange war die Traditionswerft Blohm + Voss einer der wichtigsten Schiffbauplätze für die Marineproduzenten weltweit. Eine ganze Armada von Schlachtschiffen, Kreuzern, U-Booten, Zerstörern, Fregatten und Schnellbooten ist in Steinwerder vom Stapel gelaufen. Mit 224 von insgesamt 1.153 U-Booten war Blohm + Voss während des Zweiten Weltkriegs der größte Auftragnehmer der Kriegsmarine. Ab 1944 wurden dafür Häftlinge aus dem Konzentrationslager Neuengamme eingesetzt. Auf dem Werftgelände neben dem Südeingang des Alten Elbtunnels richtete die Werft ein Außenlager des KZs Neuengamme ein.

Nach der Zerstörung und Demontage durch die Alliierten und dem Wiederaufbau der Werft nach dem Zweiten Weltkrieg begann Blohm + Voss in den 1960er Jahren erneut mit dem Bau von Kriegsschiffen.

Tod auf dem Gleis. Ein Demo-Toter im Schanzenbahnhof

Der Blick südlich über das Gleis der S-Bahn-Haltestelle Sternschanze fällt auf ein neues Gebäude des Eisenbahnbundesamtes. Es bildet einen auffälligen Kontrast zu den schönen, alten Backsteinhäusern dahinter, die im Zuge einer planmäßigen „Stadtteilaufwertung" in den 2000er Jahren von verschiedenen gastronomischen Betrieben bezogen wurden. Irgendwo zwischen dem Gleisbett der Bahn und den Parkplätzen des „Braugasthauses" wäre noch Platz für einen kleinen Gedenkstein, der daran erinnert, dass hier ein Jugendlicher nach Auseinandersetzungen mit der Hamburger Polizei sein Leben ließ.

Am 25. August 1980 demonstrierten rund 15.000 Hamburgerinnen und Hamburger gegen den Besuch des damaligen Kanzlerkandidaten Franz Josef Strauß, der an diesem Tag bei einer Wahlkampfveranstaltung in der Ernst-Merck-Halle auftrat. Über 3.000 Polizisten und Bundesgrenzschützer sollten verhindern, dass Krawalle, wie sie im Mai desselben Jahres in Bremen stattgefunden hatten, sich in Hamburg wiederholten. Während die Demo friedlich verlief, entlud sich die Spannung gegen Abend am Heiligengeistfeld, wo es zu Ausschreitungen von Protestierenden gegen die Staatsmacht kam. Kurz nach 21 Uhr spitzte sich die Lage nach Ende der Demonstration dann am Bahnhof Sternschanze zu, als die Polizei die Bahnhofshalle und den Bahnsteig stürmte und ein Teil der dort Wartenden auf die Gleise flüchtete. Auf dem Weg zurück wurde der 16-jährige Olaf Ritzmann von einer S-Bahn erfasst, dabei schwer am Kopf verletzt und anschließend ins Krankenhaus gefahren.

Über die Details, die zu dem Sturz vor die Bahn führten, gibt es widersprüchliche Aussagen. Während die Polizei es so darstellte, dass sie auf Angriffe von Steinewerfern reagiert habe, sagten zahlreiche Demonstranten aus, durch massive Drohgebärden der Polizei (und den Einsatz von Tränengas, der aber von offizieller Seite bestritten wurde) regelrecht auf die Gleise getrieben worden zu sein. Auf der einen Seite sah man keinen Zusammenhang zwischen Polizeieinsatz und „tragischem Unfall". Auf der anderen wurden übertrieben hart agierende Beamte für den Tod Ritzmanns mitverantwortlich gemacht.
In einem „Zeit"-Artikel vom September 1980, der mit dem Polizeibericht sympathisierte und der Deutung von Olaf Ritzmann als „zweiter Demonstrationstoter in der BRD nach Benno Ohnesorg" widersprach, sondern ihn als „erstes Opfer einer neuen Welle jugendlicher Brutalität" sehen wollte, stellten die Autoren allerdings die wichtige Frage, warum die Polizei den Bahnverkehr nicht habe unterbrechen lassen, bevor sie losstürmte. Eher beiläufig wird in dem Artikel auch erwähnt, dass die Polizei die Klinikärzte gebeten habe, „das kurze Leben des jungen Mannes" um ein paar Tage künstlich zu verlängern, damit kein „Märtyrer-Effekt" eintrete.
Hamburgs Innensenator Werner Staak bezeichnete den Polizeieinsatz im Nachhinein als Erfolg, weil kein „zweites Bremen" stattgefunden habe. Die Hamburger Staatsanwaltschaft stellte das Ermittlungsverfahren zu den Ereignissen, die zu Ritzmanns Tod geführt hatten, nach fast drei Jahren ein.

2,1m

Schanzenstraße 28, Sternschanze

Angel Place. Ein Platz für Rocker

Der Laden für Fleischereigeräte ist heute noch da, das ehemalige Nachbargebäude aber längst einem Neubau gewichen. Nichts deutet mehr darauf hin, dass die Hamburger Sektion von Deutschlands berüchtigtem Rockerclub hier in einem heruntergekommenen Altbau ihren „Angel Place“ betrieb.

Man konnte dort ohne Weiteres hingehen, ein Schultheiss-Bier trinken und sich wie in einem Kino fühlen, in dem jeden Abend derselbe Film lief. Anfang der 1980er Jahre gingen die Hells Angels noch als Teil der Gegenkultur durch, als „zornige Stiefbrüder der Hippies“, wie es der Journalist Kuno Kruse einmal ausdrückte. Aber das waren selbst die US-Hells Angels der 1960er Jahre nie gewesen, auch wenn sie mit den Grateful Dead oder mit Janis Joplin abhingen.

Für die Hamburger Bloody Devils, die als Statisten in Klaus Lemkes Film „Rocker“ mitgewirkt hatten, waren sie die Größten. Eine Abordnung reiste in die USA, um sich die Genehmigung zur Gründung eines Charters in der Hansestadt zu holen, dem ersten in Deutschland. Ab 1973 durften sie sich Hells Angels nennen. Schnell machten sie ihrem Namen blutige Ehre: Im Jugendkeller der Apostelkirche prügelten und stachen sie einen Kirchenhelfer zu Tode, weil dieser einige von ihnen zuvor des Treffpunkts verwiesen hatte. Für eine solche „Ehrverletzung“ musste 1980 auch ein Disko-Besitzer auf Sylt sterben. Der Kellner des Westerländer Nachtclubs „Riverboat“ wurde dabei schwer verletzt.

Zu dieser Zeit waren die Hells Angels längst eine „große Nummer“ auf dem Kiez. Sie kontrollierten einen großen

ferei
DICK
32
VB
187

Schanzenstraße 28, Sternschanze

Teil der Bordelle in St. Pauli. Von ihrer Kneipe aus hielten sie die Schanze in Atem. Eine Fahrt mit Bikes durch das Szenelokal „Pickenpack“ am Schulterblatt gehörte zu den harmlosen Vergnügungen. Am 11. August 1983 reagierte Hamburgs Innensenator Alfons Pawelczyk mit einer Großrazzia. Streifen- und Mannschaftswagen bildeten eine Burg um die Harleys, das Angel Place – und den Laden für Fleischereigeräte. 500 Polizisten stürmten das Vereinslokal. Viele Angels wurden festgenommen. Gegen dreizehn erhob die Staatsanwaltschaft Anklage wegen gefährlicher Körperverletzung, Förderung der Prostitution, Zuhälterei, räuberischer Erpressung, unerlaubten Waffenbesitzes und Mitgliedschaft in einer kriminellen Vereinigung. Wenig später folgte ein Verbot der Hells Angels. Das aber hat die Höllenengel nie wirklich vom Himmel geholt. Unter den Namen „Rot-Weiß“ (nach den Club-Farben) und „Harbour City“ konnten sie ihre Macht im Rotlichtmilieu konsequent ausbauen.
Die Stadt in Atem halten die Hells Angels vor allem durch die brutalen Revierkämpfe mit anderen Rockergruppen wie den Mongols. Da fallen auch schon mal Schüsse auf offener Straße, oder man fackelt einander den Sportwagen ab. Denn häufiger als auf einer Harley sieht man Rocker heute in einem Lamborghini.
Außer natürlich bei den Harley Days. Da ist der Bock Pflicht. Schließlich kann man dieses Event nicht immer den Zahnärzten und Rechtsanwälten allein überlassen.

ROCKER
Du fährst nach Hamburg – Ich schwörs dir!
Regie Klaus Lemke 1972
Grafik www.Songmeister.net
LAVERGE
laverge.bandcamp.com
WIR DÜRFEN EURE MEERE LEER FISCHEN // MIT UNSEREN EXPORTEN EURE WIRTSCHAFT RUINIEREN // BEI EUCH UNSEREN MÜLL ABLADEN // EURE ROHSTOFFE ABBAUEN // EURE DIKTATOREN AUFBAUEN // EURE KRIEGE BEWAFFNEN // IN EURE LÄNDER REISEN // UNSERE KINDER ZUM »HELFEN« AUF EUCH LOSLASSEN
IHR MÜSST BLEIBEN WO IHR SEID
DIE WÜRDE DES MENSCHEN IST UNANTASTBAR?
STADT UND STRAND KLAMOTTEN VONNER WATERKANT
MADE ME DO IT
ZARDOZ RECORDS
jazz at massey hall
ATOMIC BOMB TESTS
Berliner Sommer

Beim Strohhause 31, St. Georg

„Exitus triumphalis". Der Abtritt des Mucki Pinzner

Seit der Fertigstellung des Berliner Tor Centers ist Hamburgs Skyline um einige Hochhäuser reicher. Der älteste Bau dieses Ensembles ragte nach seiner Errichtung in den 1960ern lange Zeit als einziger Wolkenkratzer weit und breit empor. Bis in die 1990er Jahre diente er als Polizeipräsidium, heute werden dort Büros vermietet. In einem dieser Räume vollzog ein stadtbekannter Auftragsmörder seinen „Exitus triumphalis".
Werner Pinzner, genannt Mucki, hatte gerade neun Jahre Haft wegen eines bewaffneten Raubüberfalls abgesessen. Unmittelbar nach seiner Entlassung stieg er als Profikiller in das Rotlichtmilieu St. Paulis ein. Wegen mehrerer Morde wurde er erneut festgenommen. Pinzner fühlte sich von ehemaligen Kollegen „geflachst" und wollte nun vor dem Staatsanwalt auspacken. Ein Kopfgeld von 300.000 D-Mark soll deswegen in Kiezkreisen auf ihn ausgesetzt worden sein. Im Juli 1986 nahm der 39-jährige „Eliminator" das Heft selbst in die Hand: Während einer Vernehmung am Berliner Tor erschoss er mit einer Pistole, die seine Frau ins Präsidium geschmuggelt hatte, den Staatsanwalt Wolfgang Bistry. Danach verbarrikadierte Pinzner die Türen, telefonierte mit seiner Tochter und brachte anschließend seine Frau um, bevor er Selbstmord beging.
Der Fall des „St. Pauli Killers" geriet zum Justizskandal. Kritisiert wurden der liberale Strafvollzug in Hamburg, in dessen Genuss auch Pinzner gekommen war, und die mangelnden Sicherheitsvorkehrungen, die seine letzten Morde möglich gemacht hatten. Zwei Senatoren der damaligen SPD-Regierung nahmen deswegen ihren Hut.

Bandenkriege im Hamburger Rotlicht

Auf dem Hamburger Kiez regierte in den 1980er Jahren die nackte Gewalt. Das Sex-Business war eingebrochen, die Protagonisten der organisierten Kriminalität erweiterten ihr Geschäftsfeld um Drogen- und Waffenhandel. Außerdem hatte ein Generationswechsel im Rotlichtmilieu St. Paulis stattgefunden. Im „Chikago" am Hans-Albers-Platz, dem Lokal des als „Paten" bekannten Ringo Klemm, machte sich die Rockergang Hells Angels breit. Die Geschäfte im Eros-Center teilten die „GMBH" und die Nutella-Bande untereinander auf, die das sogenannte „Nuttensilo" an der Reeperbahn auch als Stützpunkt nutzten.

„Keine Schusswaffen!" war die Regel, die in den 1960er und 1970er Jahren noch weitgehend respektiert wurde. Doch damit war es im September 1981 endgültig vorbei. Der Mord an dem Zuhälter „Chinesen-Fritz" in der Boxerkneipe „Zur Ritze" war der Beginn einer ganzen Reihe von Gewaltverbrechen, an deren Ende zahlreiche Tote und lebensgefährlich Verletzte standen. Allein die Opfer Pinzners in den Jahren 1984/1985 belaufen sich auf fast ein Dutzend. Und „Mucki" war nicht der einzige Profikiller auf dem Kiez.

Hamburger Chronisten bezeichnen die Achtziger in St. Pauli rückblickend als „Zeit des Wahnsinns". Bei der heute häufig kolportierten Behauptung, dass es dort noch einigermaßen harmlos zugegangen sei und ein gewisser Ehrenkodex gegolten habe, als alles in deutscher Hand war, handelt es sich um einen nostalgisch (wie auch latent rassistisch) gefärbten Mythos.

Brennerstraße 81, im Hof, St. Georg

Eine blutrote Buche. Der Richtplatz von St. Georg

Im Lohmühlenpark spielen Kinder auf dem Spielplatz, chillen die Jugendlichen nach der Schule oder geht Frauchen mit dem Hund Gassi. Von der Brennerstraße aus führt der Weg zu unserem Schauplatz an einigen gut erhaltenen alten Häusern vorbei, dem der ehemaligen Staatlichen Impfanstalt zum Beispiel oder dem des Paulinen-Mariannen-Stifts.

Dass diese Gegend 200 Jahre lang als Richtplatz genutzt wurde, darauf verweist heute nur noch eine ganz unauffällige Spur: „An die Stelle des letzten St. Georger Hochgerichts hat der seinerzeitige Leiter der Impfanstalt, Herr Oberimpfarzt Dr. Voigt, eine Blutbuche gepflanzt“, ist in den „Blättern aus St. Georg“ des Jahrgangs 1951 nachzulesen.

Der „Köppelberg“ lag unmittelbar vor den Stadtgrenzen Hamburgs und veränderte seinen Standort im Laufe der Jahrzehnte. 1686 wurden hier die Kaufleute und Politiker Hieronymus Snitger und Cord Jastram vor zahlreichen Zuschauern enthauptet, weil sie sich des „Stadtverrats“ an den dänischen König schuldig gemacht hatten. Der erste „Köppelberg“ soll dort gestanden haben, wo sich jetzt die Stadtteilschule St. Georg befindet. Anfang des 19. Jahrhunderts wurde die Hinrichtungsstätte hinter die Vorstadt St. Georg nach Borgfelde verlegt.

Der Baum ist heute vom Parkweg aus gut zu sehen. Um sein rötliches Blattwerk zu erkennen, muss man allerdings zur rechten Zeit kommen. Denn die Blutbuche „vergrünt“ im Laufe des Jahres. Im Sommer aber sticht ihre rote Baumkrone als einzige in dieser Laubfarbe weit und breit deutlich heraus.

Steindamm 48/50, St. Georg

Scharfschützen am Steindamm. Der erste „finale Rettungsschuss"

Hunderte Schaulustige standen am 18. April 1974 an der Kreuzung Steindamm/Pulverteich. Auf den Dächern lagen Scharfschützen. Doch nicht sie sollten schießen, sondern die Männer von dem erst eineinhalb Jahre zuvor gegründeten „Mobilen Einsatzkommando" (MEK). Drei von ihnen hockten mit gezückten Waffen im Eingang von Haus Nummer 48. Direkt daneben, wo heute ein Juwelier und eine türkische Bäckerei ihre Läden haben, befand sich der Eingang einer Filiale der Commerzbank.

Der Bankräuber kam mit einer Geisel heraus, an deren Hals er ein Messer hielt. Ein Fluchtwagen stand bereit, dahinter ein Beamter in Badehosen mit erhobenen Händen - so wie es der Geiselnehmer verlangt hatte. Der Bankräuber trug die Mütze eines Streifenpolizisten, den er zuvor in der Filiale erschossen hatte. Als er sie wegwarf, nutzten die Männer vom MEK seine kurze Unaufmerksamkeit und sprangen aus der Deckung. Acht Schüsse gaben sie innerhalb von vier Sekunden ab. Getroffen in Brust und Kopf, starb der Täter wenig später im Krankenhaus. Die Geisel überlebte schwer verletzt.

Was die Fernsehzuschauer am Abend in der Tagesschau zu sehen bekamen, ging als erster „finaler Rettungsschuss" in die Geschichte ein. Der Einsatzleiter hatte die unbedingte Beendigung der Geiselnahme vor Ort befohlen. Die Maßnahme kritisierte der Hamburger Justizsenator später als vorweggenommene Todesstrafe. Dennoch wurden kurz darauf die Polizeigesetze reformiert. Seitdem ist der „finale Rettungsschuss", der ein „gezielter Todesschuss" ist, offiziell erlaubt.

IZ
IER
LE
50
48

Tod durch Taucherkrankheit. Die Opfer beim Bau des Elbtunnels

Der Alte Elbtunnel lockt täglich Pendler und Touristen. In einer Tiefe von 21 Metern unter dem Fluss hindurchzuspazieren ist eindrucksvoll - und für Bewohner der Elbinsel oder Berufstätige im Hafen und vereinzelte Seeleute einfach praktisch. Auf der Stadtseite führt der Fußweg über eine Treppe an der braun gekachelten Innenwand des Schachts hinunter. Oben flattern Tauben unter einer Kuppel, die es vom Umfang her fast mit der der Hagia Sophia aufnehmen kann.
Der Elbtunnel aber hat seine eigenen Heiligen. Ihre Reliefs sind aus Keramik in die Wand des Schachts eingearbeitet: Baumeister Otto Stockhausen, Maschinenbauinspektor E.G. Meyer und andere leitende Mitarbeiter des Projekts. Im Tunnel selbst thematisieren Majolika-Reliefs mit Fischen, Muscheln und Krebsen alles, was im Wasser über dem Tunnel schwimmt. Selbst weggeworfene Stiefel und Ratten wurden in die Wand gebildhauert. Eine Erinnerung an die Arbeiter aber, die bei dem Bau ihr Leben ließen, fehlt. Auch an die Verletzten und Geschädigten gemahnt nichts. 615 leichte Krankheiten, 74 schwere und drei Tote zählte Bauleiter Stockhausen nach der Fertigstellung des Tunnels 1911.
Diese Menschen waren überwiegend der schmerzhaften Taucher- oder Druckluftkrankheit zum Opfer gefallen. Um Wassereinbrüche zu verhindern, stand die Baustelle vor dem Vortriebsschild, das den Tunnel bohrte, teilweise unter Druckluft. Zwar wurden die Arbeiter mit Druckkammern ein- und ausgeschleust. Doch ihre Leiden häuften sich. Häufig kippten Männer, die zuvor unter hohem Druck gearbeitet hatten, noch im Baubüro um oder wurden

auf dem Weg nach Hause ohnmächtig. Die Arbeiter aus dem nahen Wilhelmsburg wurden deshalb dazu verpflichtet, mindestens zu zweit nach Hause zu laufen. Eine Druckluftprämie von einhundert Reichsmark pro Monat sorgte dafür, dass trotzdem immer genügend Arbeitskräfte bereit waren, die Risiken auf sich zu nehmen.
Bei dem spektakulärsten Unfall während des Tunnelbaus, am 24. Juni 1909, kam erstaunlicherweise niemand zu Schaden. Oben schossen zwei hohe Fontänen aus der Elbe, Druckluft aus einem Leck im Tunnel. Unten hatte es einen lauten Knall gegeben. Die entweichende Druckluft entwickelte einen gewaltigen Sog. Die Arbeiter mussten sich an die Streben und Balken klammern, um nicht an die Oberfläche gerissen zu werden. Ihre Beine sollen nach den Aussagen des Oberingenieurs waagerecht in der Luft gestanden haben. Als endlich der Druckunterschied ausgeglichen war, schoss das Wasser in den Tunnel. Alle sechzig Männer konnten sich jedoch durch die Öffnung des Vortriebsschildes in das Innere des fertigen Tunnels retten. Sie hatten großes Glück. Ein ähnlicher Vorfall hatte beim Bau des New Yorker Metrotunnels unter dem Hudson zwanzig Todesopfer gefordert.
Um die Taucherkrankheit einzudämmen, setzte das Medizinalamt gegen den Widerstand der Baufirma längere Dekompressionszeiten für die Arbeiter durch. 1909 wurde sogar der Neurologe Arthur Bornstein als städtischer Pressluftarzt eingestellt. Die Forschungen von Bornstein und seiner Frau, die diese teilweise mit Experimenten an sich selbst vorantrieben, schufen die Grundlagen für die Druckluftmedizin.

Betreten der Baustelle nur mit Baustellenausweis!
Betreten der Baustelle verboten!
ALARM
Diese Baustelle ist Alarmgesichert und Videoüberwacht.
ST. PAULI ELBTUNNEL
verbindet einzigartig
Kaiser Wilhelm II. besuchte das einzigartige Bauwerk bereits 1910 kurz vor Fertigstellung.
Emperor Wilhelm II visited this unique construction project in 1910 shortly before its completion.
St. Pauli Elbtunnel anno 1911

Feldstraße 66, St. Pauli

Granatenstimmung im „J's". Ein Disko-Bomber im Bunker

Das „Uebel & Gefährlich" im vierten Stock des Flakbunkers ist bekannt für sein Programm aus Clubveranstaltungen, Lesungen, Konzerten und hippen Events. Wie anders ging es hier zu Zeiten des „J's" zu. Ende der 1990er Jahre war die Disko am Heiligengeistfeld die Top-Location für Models, Sternchen und Stars. Partykönig Michael Ammer lud regelmäßig zu Partys im „J's". „Hier trägt man Schwarz, aber sexy muss es sein", textete das Stadtmagazin „Prinz" und wusste von einer klaren Hierarchie zwischen den zwei VIP-Lounges zu berichten, eine für die echten Promis und eine für die, die dies noch werden wollten.

Ein bisschen Halbseidenheit gehörte bei der Schickidisko dazu. Als aber am 29. April 2000 eine Splittergranate im „J's" explodierte, war die Stadt geschockt. Ein gut gekleideter Täter hatte sie im VIP-Bereich zwischen den Polstern einer Sitzecke deponiert und kurz darauf gezündet. Zum Zeitpunkt der Detonation kurz nach drei Uhr feierten rund 1.500 Besucher in der Disko. Neun Menschen wurden zum Teil lebensgefährlich verletzt. Michael Ammer, der sich zuvor mit Til Schweiger, Heiner Lauterbach, Jenny Elvers, Heinz Hoenig und Dieter Bohlen im VIP-Bereich aufgehalten hatte, war mit seinem Tross gerade entschwunden.

Wenig später wurde der Täter gefasst. Ein Schwurgericht verurteilte ihn zu zwölf Jahren und neun Monaten Haft. Der 29-Jährige hatte bei seinem Teilgeständnis erklärt, von einem Gläubiger zu der Tat gezwungen worden zu sein. Bei diesem sei auch Ammer verschuldet gewesen, er habe mit der Tat gewarnt werden sollen.

TOILETTEN
>>>
GARDEROBE
>>>
WoW, lOoK
a bELL
▶▶▶

Elisabeth Wiese. Die „Engelmacherin" von St. Pauli

Die Hein-Hoyer-Straße beginnt im roten Licht der Reeperbahn und endet in einem beliebten Wohnviertel am Paulinenplatz. Viele gastronomische Betriebe sind hier zu finden, aber auch ein Herrenschneider, ein Frisiersalon und ein Plattenladen. An der Kreuzung zur Clemens-Schultz-Straße bietet ein Fitness-Center die Möglichkeit zur körperlichen Ertüchtigung. Hier wohnte vor über hundert Jahren eine Frau, die als „entmenschtes Weib" in die Geschichte eingegangen ist. Bevor ihre Verbrechen bekannt wurden, galt sie als freundliche Nachbarin.

Elisabeth Wiese, geboren 1853 in Niedersachsen, kam als Mittvierzigerin nach Hamburg-St. Pauli, wo sie mit ihrer Familie eine Wohnung in der damaligen Wilhelminenstraße 23 bezog. Als junge Frau hatte sie ein uneheliches Kind zur Welt gebracht, das mittlerweile fast erwachsen war. Dass sie trotzdem einen Ehemann gefunden hatte, betrachtete sie als Glück im Unglück. Doch sollte es nicht lange währen.

Nachdem sie in Hannover der „Engelmacherei" überführt worden war, durfte Wiese nicht mehr als Hebamme arbeiten. Da ihr Gatte Heinrich das Geld, das er als Kesselflicker verdiente, lieber versoff, anstatt es mit der Familie zu teilen, herrschte regelmäßig Geldnot. Um dies zu ändern, war Wiese jedes Mittel recht. So zwang sie ihre Tochter Paula unter Schlägen zur Prostitution mit Männern, denen sie das Mädchen über Annoncen feilgeboten hatte. Als es Paula gelang, dem „Inseratenstrich" ihrer Mutter zu entfliehen, ließ diese sich eine lukrativere, aber noch weit bösere „Geschäftsidee" einfallen: Für

23

100 bis 300 Mark versprach sie den Eltern unehelicher Kinder deren Vermittlung an wohlhabende Familien, wo die Neugeborenen gut behütet aufwachsen würden.
Was wirklich mit den sogenannten „Privatkostkindern" geschah, flog erst auf, als ein Dienstmädchen, das ihr Kind zuvor an Wiese abgegeben hatte, die Vermittlung rückgängig machen wollte. Weil diese sich widerständig zeigte und in Ausreden flüchtete, schaltete die Mutter die Polizei ein. Die Vermittlerin wurde verhaftet, verhört und vor Gericht gestellt. Der fünftägige Indizienprozess deckte auf, dass sie die Babys vergiftet und dann im Kochherd verbrannt hatte. In einigen Fällen hatte wohl eine Vermittlung stattgefunden. Doch da Wiese das „Kostgeld", das eigentlich zur Versorgung der Kleinen gedacht war, in die eigene Tasche steckte, wurden mehrere Kinder wieder zurückgeschickt - und landeten daraufhin in Wieses Ofen. Die Spuren verwischte sie so geschickt, dass es keine Beweise gegen die Angeklagte gab.
Dafür aber belastende Aussagen. Unter anderem die von Wieses Tochter, welche einige Monate nach ihrer Flucht hochschwanger nach Hamburg zurückgekehrt war und in der Talstraße ein Kind zur Welt gebracht hatte. Als „Hebamme" stand Mutter Wiese bereit - und soll das Neugeborene sogleich in einem Wasserkübel ertränkt haben. Neben diesem Mord an ihrem eigenen Enkel wurden Wiese vier weitere Kindstötungen angelastet. Wie viele Leben die 51-Jährige insgesamt auf dem Gewissen hatte, konnte nicht ermittelt werden. Und dass sie mehrmals versucht haben soll, ihren Mann umzubringen, war für das Strafmaß nicht mehr relevant. Sie erwartete der Tod durch das Fallbeil.
Die Härte des Urteils und die brutale Hinrichtungsart, zumal bei einer weiblichen Verurteilten, entfach-

ten eine kontroverse Diskussion, die dazu führte, dass Hamburgerinnen sich der Justizbehörde freiwillig als Scharfrichterinnen anboten, falls sich kein männlicher Henker finden ließe. Doch dieser fand sich - und nicht irgendwer: Am Morgen des 2. Februar 1905 vollzog der amtliche Scharfrichter Alwin Engelhardt die Enthauptung Wieses mit der Guillotine im Hof der Strafanstalt am Holstenglacis. Fast dreißig Jahre später rollte unter demselben Mann auch der Kopf des vermeintlichen Reichstagsbrandstifters Marinus van der Lubbe.

13 Stunden Willkür. Der „Hamburger Kessel"

Der Zugang zum Heiligengeistfeld zählt nicht zu den schönsten Ecken der Stadt. Monumental und bedrohlich ragt der Hochbunker in den Himmel. Auf dem Pflaster kleben Kaugummis, neben Kippen und Taubendreck. Vom Gebäude der U-Bahn-Station Feldstraße sind nur schmuddelige Kacheln und vergitterte Fenster zu sehen.
Alles das dürfte der Stimmung der über 800 Demonstranten nicht zuträglich gewesen sein, die hier am 8. Juni 1986 über 13 Stunden lang von der Polizei eingekesselt wurden. Viel schlimmer aber war, dass ihnen Essen und Trinken verweigert wurden und sie ihre Notdurft vor den Blicken der Bewacher verrichten mussten. Manche der Eingekesselten weinten vor Verzweiflung.
Was als „Hamburger Kessel" bundesweit für Aufsehen sorgte, hatte einen Tag vorher seinen Anfang genommen. Weil das AKW in Brokdorf ans Netz gehen sollte, hatte die Anti-Atomkraft-Bewegung zur Großdemo in der Wilstermarsch aufgerufen. Bei früheren Kundgebungen hatte die Polizei durch Blockaden häufig die Anfahrt über die Autobahn behindert. Die Hamburger Demonstranten wollten dieses Mal über Landstraßen anreisen. Doch bei Itzehoe stoppte die Polizei den Konvoi. Spezialeinheiten machten Jagd auf Demonstranten, schlugen Fahrzeugscheiben ein oder ließen die Luft aus den Reifen von Reisebussen. Deshalb hatten sich die Atomkraftgegner am folgenden Tag auf dem Heiligengeistfeld versammelt, um für das Recht auf Demonstration zu protestieren – und genau an diesem gehindert zu werden. Später verurteilten Hamburger Gerichte den Polizeieinsatz als rechtswidrig.

Schwulen-Spitzel am Spielbudenplatz. Hamburgs zweite Spiegel-Affäre

Die öffentlichen Klos am Spielbudenplatz leisten gute Dienste, wenn es darum geht, das Ausgehpublikum in St. Pauli bei fortschreitender Feierlaune davon abzuhalten, sein Wasser an Hauswänden abzulassen. Dank zahlreicher Events, denen der Stadtteil seit Jahren verstärkt ausgesetzt ist, hat sich das Wildpinkeln zu einem Problem ausgewachsen. Um dem entgegenzuwirken, wurde Anfang 2015 das Projekt „St. Pauli pinkelt zurück“ ins Leben gerufen. Ob superhydrophobe Spezial-Lacke mit „Abperleffekt“ und ein Belohnungssystem für Nutzer von Kneipen-WCs Abhilfe schaffen können, wird sich noch zeigen müssen.
Wer aber hätte gedacht, dass ausgerechnet ein Kellerklo auf dem Kiez zu einem politisch-historischen Kultort der Stadt aufsteigen könnte? Am Spielbudenplatz, wie auch an neun weiteren Standorten in Hamburg, dienten die WC-Räume in den 1960er und 1970er Jahren nämlich nicht nur als Abort, sondern auch als Bespitzelungsstation der Hamburger Polizei. Deren Spionage galt Schwulen, die sich in öffentlichen Toiletten sexuell betätigten. Zu diesem Zweck wurden dort unter den Innensenatoren Helmut Schmidt, Heinz Ruhnau und Hans-Ulrich Klose (alle SPD) Überwachungsspiegel in die Wände eingelassen, hinter denen Polizeibeamte die Vorgänge beobachten konnten. Andere Maßnahmen zum Sammeln von belastenden Daten gegen Homosexuelle waren das Fotografieren von Autokennzeichen nahe den stadtbekannten Schwulentreffs sowie das Überwachen von Grünanlagen. Die auf diese Weise gewonnenen Informationen flossen in die „Rosa Liste“ ein. Die Existenz der „Rosa Liste“ und die damit einherge-

ULTRAS
NCHH
LEONARD
LONDON
SANKT
PAULI
S.O.S.
ST.PAULI
ROCKSTAR
TRUE REBEL
www.true-rebel-store.com

hende Observation hatte in der Schwulenszene bereits als Gerücht kursiert, als im Juni 1980 eine Aktion, die im Nachklang zur ersten „Gay Pride Week" von schwulen Aktivisten um den damaligen Grünen-Politiker Cornelius „Corny" Littmann durchgeführt wurde, die perfid-perversen Machenschaften der Polizei ans Licht brachte: Mit der Absicht, den Beobachtungsspiegel mithilfe eines Hammers zu zertrümmern, fielen Littmann und seine Gruppe in die Herrentoilette am Spielbudenplatz ein, doch die Sicherheitsverglasung vereitelte ihr Vorhaben. Die „Randalierer" wurden festgenommen, vereinzelte Presseorgane griffen die Geschichte sofort auf. Kurz danach wurde die Aktion an anderem Ort in Anwesenheit eines Fotografen wiederholt. Und diesmal trat die Existenz der Überwachungskabuffs zutage, der Skandal war da. Hamburg hatte seine zweite „Spiegel-Affäre".
Der damalige Innensenator Werner Staak, dessen Polizeisprecher Peter Kelling wenige Tage zuvor auf Anfrage der FDP-Politikerin Helga Schuchardt die Frage nach den „Rosa Listen" als „längst abgehakt" bezeichnet hatte, geriet in Erklärungsnot und kündigte den umgehenden Stopp der Überwachung an. Die Polizei musste schließlich zugeben, die in den „Rosa Listen" gesammelten Daten tatsächlich gegen Hamburger Homosexuelle verwendet zu haben.
Der Paragraf 175, auf den sich die Staatsmacht berufen konnte, wurde 1872 eingeführt und unter der NS-Diktatur verschärft. Diese Fassung bestand bis zu einer ersten Nachkriegsreform im Jahr 1969 fort. Bis dahin war die „Unzucht" unter Männern schlicht verboten - von homosexuellen Frauen ist dort gar nicht erst die Rede. Eine zweite Entschärfung, in der es nur noch um die Festlegung eines Mindestalters ging, fand 1973 statt. Trotz dieser Liberalisierung ließ die Stadt Hamburg bis 1974 -

zusätzlich zu den bereits bestehenden - noch weitere öffentliche Klos mit Überwachungsspiegeln versehen, zum Beispiel am Rathausmarkt und am Stephansplatz sowie am Jungfernstieg. Letzterer fiel sieben Jahre später Littmanns Hammer zum Opfer.
Auf ganz unmilitante Art rächte sich Corny Littmann Ende der 1980er am spießbürgerlich-homophoben Hamburg, indem er dort, wo er vorher der Sachbeschädigung bezichtigt worden war, ein erfolgreiches Comedy-Theater eröffnete. Die Aufhebung des Paragrafen 175 ließ dann noch bis 1994 auf sich warten. Zu diesem Zeitpunkt aber hatte die „Schmidt"-Crew die „Beschwulung" des Spielbudenplatzes bereits ein ganzes Stück vorangebracht.

Elbkarte und Freibrief. Hamburgs freche Fälschungen

In freundlichem Blau zeigt sich die Fassade des Magazinquaders des Hamburger Staatsarchivs. Seit 1997 wird das Archivgut in dem Gebäude verwahrt, unter optimalen Bedingungen für den Erhalt der Originale – von denen einige allerdings Fälschungen sind oder historische Tatsachen bewusst falsch darstellen. Das trifft vor allem auf die Elbkarte von Melchior Lorichs zu. Die zwölf Meter lange Karte ist ein beeindruckendes Zeugnis frühneuzeitlicher Kunst, zeigt aber vor allem eins: Schon damals nutzten manche Politiker alle Mittel, um ihre Ziele zu erreichen.

Im Streit um die gewinnbringenden Stapelrechte auf der Süderelbe hatte der Hamburger Rat Melchior Lorichs diese im Verhältnis zur Norderelbe viel zu schmal darstellen lassen. So konnte Hamburg eine Klage der Konkurrenten Harburg, Stade, Buxtehude und Lüneburg beim Reichsgericht abwehren, die freie Fahrt auf der Süderelbe gefordert hatten, da es sich bei diesem Teil des Flusses um den Hauptstrom handeln und das Hamburger Privileg sich nur auf die Norderelbe beziehen würde.

Eine freche Fälschung ist das Privileg, das am 7. Mai 1189 Kaiser Barbarossa angeblich der Stadt ausgestellt hat. Jedes Jahr feiert Hamburg aus diesem Anlass seinen Hafengeburtstag. Dabei stammt der Freibrief, der den Hamburgern Zollfreiheit sowie Fischereirechte auf der Elbe gewährte, aus dem 13. Jahrhundert. Der Hamburger Rat hat ihn das erste Mal 1265 im Streit mit Stade vorgelegt. Das angebliche Original liegt auch im blauen Magazinquader des Staatsarchivs.

Robert-Schuman-Brücke 1, Wandsbek

Ein skrupelloser Sklavenhändler. Heinrich Karl von Schimmelmann

Das Mausoleum Heinrich Karl von Schimmelmanns überragt auf dem kleinen Friedhof hinter der Christus-Kirche alles, selbst das Grab von Matthias Claudius. Der war hinsichtlich seiner Bekanntheit auch nur ein kleines Licht gegen seinen Zeitgenossen – auch wenn heute jedes Kind Claudius' „Abendlied" mit der Verszeile „Der Mond ist aufgegangen" kennt.
Schimmelmann zählte zu den reichsten Männern Europas. Sein Vermögen verdiente er vor allem durch den Atlantischen Dreieckshandel. Er exportierte Kattun, Waffen und Alkohol aus seinen in Ahrensburg und Wandsbek gelegenen Manufakturen über Hamburg an die Westküste Afrikas. Dort erwarb er sodann afrikanische Sklaven, die er nach Nordamerika und in die Karibik verfrachten ließ, und verschiffte die im Tausch gegen die Zwangsarbeiter erworbenen karibischen Rohstoffe von dort nach Hamburg und ins dänische Altona oder nach Flensburg, wo sie zu Waren für den Afrika-Export verarbeitet wurden, zum Beispiel Rum. Schimmelmanns Familie besaß Plantagen mit über eintausend Sklaven.
Damals war Wandsbek ein ruhiges Fleckchen. Schimmelmann kaufte sich hier ein Schloss und ließ das Mausoleum bauen, wo er 1792 beigesetzt wurde.
Mit alldem konnte der skrupellose Kaufmann sogar noch über zwei Jahrhunderte später den Bezirk Wandsbek blenden, der gegenüber im Puvogel-Garten eine Büste Schimmelmanns aufstellen ließ. Erst nach massiven Protesten wurde diese 2008 wieder abgebaut. Wie dichtete noch Matthias Claudius im „Abendlied"? „Wir stolze Menschenkinder / Sind eitel arme Sünder".

Kritenbarg 39, Wellingsbüttel

„Ich liebe euch“. Der Hochstapler Jürgen Harksen

Die kleine Straße am idyllischen Alsterlauf zählt zu den besten Wohnlagen der Stadt. Auf den weitläufigen Grundstücken wachsen haushohe Rhododendren vor palastgroßen Villen. Nicht jedes dieser Anwesen ist schön – beeindruckend aber sind sie alle. Und Eindruck wollte Jürgen Harksen mit seiner Villa im Kritenbarg schinden. Das gehörte zu seinem fantasievollen Konzept, neben dem einnehmenden Wesen, dem Glamour, der Chuzpe – und den ungeheuerlichen Gewinnen, die er seinen Anlegern versprach.

Harksen brachte in den 1990er Jahren Hunderte vermögende Hamburger mit angeblichen Ölgeschäften um Millionen. Neben stadtbekannten Juwelieren und Promis wie Udo Lindenberg wurden bei versprochenen Renditen von 1.300 Prozent selbst gestandene Unternehmer und Manager schwach.

Mit dem eingesammelten Geld finanzierte Harksen jedoch keine Ölgeschäfte, sondern seinen Lebensstil, zu dem Jachten, Learjets, Ferraris, Champagnerpartys oder Einladungen zu Paul-McCartney-Konzerten in London für seine treuesten Kunden gehörten. Je mehr er auf die Pauke schlug, desto lauter wurde das Echo. Vor seinem Büro am Jungfernstieg standen die Anleger Schlange. Niemand hinterfragte Person oder Geschäftsmodell des aus einfachen Verhältnissen stammenden Harksen.

Hier am Kritenbarg war auch Dieter Bohlen häufig Gast bei den legendären Partys des Millionenbetrügers – oder er schaute vorbei, um sich eine der Luxuskarossen auszuleihen, die vor der Villa parkten. Harksen war da sehr großzügig. Bohlen will angeblich drei Millionen D-Mark

39

bei ihm angelegt haben. Harksen behauptete jedoch, es sei viel weniger gewesen und er habe das Geld zurückgezahlt. Strafantrag soll Bohlen nie gestellt haben.
Da hatten sich zwei gefunden. Harksen in einem NDR-Interview über Bohlen: „Er liebt das Geld. Und diese Macht, die dieses Geld für Dieter hat, die war eben stärker als seine Vernunft, als sein Studium als BWL-ausgebildeter Kaufmann. Also ich glaube, dass der Faktor 13 ihn sehr beeindruckt hat." Und Bohlen in seiner Autobiografie über Harksen: „Ich mochte Harksens crazy Lifestyle, wie er mit Millionen um sich warf, als sei das Spielgeld."
Als der Druck der geprellten Anleger dann doch zu groß wurde, setzte Harksen sich nach Südafrika ab. Von dort gab er eine Ehrenerklärung via Satellit ab, die ins Hotel Atlantic übertragen wurde, wo viele der Geschädigten seinen Worten wie enttäuschte Jünger folgten. Jürgen Harksen eröffnete mit den Worten: „Ich liebe euch. Nehmt bitte Platz."
Neun lange Jahre konnte er seine Anleger und die Justiz zum Narren halten. Dann lieferte Südafrika ihn aus. Im April 2003 stellte das Landgericht Hamburg fest, dass Harksen zwischen 1987 und 1992 etwa 300 Geschädigte um mindestens 150 Millionen D-Mark betrogen hatte. Guru der Gierigen wurde er bisweilen genannt. Für sechs Jahre und neun Monate wanderte er ins Gefängnis, als Freigänger kochte er in einem Restaurant. Nach der Haft präsentierte er sich geläutert und zog als Weinverkäufer nach Mallorca. Dieter Wedel verfilmte sein Leben mit Ulrich Tukur in der Hauptrolle. Harksen gab wieder Interviews. „Früher wollte ich nicht der Junge sein, der mal eine Sonderschule besucht hat, ich wollte mich in eine andere Welt der Mächtigen und Reichen reinschummeln, in der ich lange Gast war", gestand er dem „Hamburger

Abendblatt“ unmittelbar nach seiner Haftentlassung und beteuerte, diese Ambitionen gehörten nun der Vergangenheit an.

Im September 2015 dann stand Harksen doch wieder vor Gericht. Er hatte einen alleinstehenden Freund auf Mallorca um 120.000 Euro betrogen, unter anderem mit dem Versprechen, ihm aus Südafrika ein Adoptivkind zu besorgen. Eine wirklich düstere Geschichte. Bis dahin hatte man noch glauben können, dass im Fall Harksen der Blick in die Seele der Opfer genauso abgründig ist wie in die des Täters.

Fiskalische Straße 2, Wilhelmsburg

Zeitbombe im Energieberg. Die Dioxin-Deponie in Georgswerder

Vögel zwitschern. Bunte Schmetterlinge flattern über die Wiese mit Wildblumen. Bienen und Hummeln summen um die Wette. Dazu rauscht der Verkehr auf der Autobahn, hinter der die Schlote der „Aurubis“ rauchen, einem der weltweit größten Kupferproduzenten. Der Energieberg Georgswerder präsentiert sich als für die Elbinsel Wilhelmsburg typische raue Idylle. Es gibt hier auf vierzig Metern Höhe einen Rundweg mit fantastischem Ausblick auf die Hamburger Skyline, den Hafen und jede Menge Industrie. Wegen der reichen Flora und Fauna finden manchmal sogar vogelkundliche Führungen statt. Und weil die Nutzung des Energiebergs in die Zukunft weisen soll, drehen sich auf seiner Kuppel zwei Windräder. Zusammen mit den Photovoltaik-Paneelen am Südhang produzieren sie sauberen Strom für viertausend Haushalte.

Die dunkle Seite des Ortes aber ist allgegenwärtig. „Was man nicht sehen kann, ist trotzdem da“, raunt die markige Stimme in dem Infofilm des Besucherzentrums. Dazu gibt es dramatische Musik und Lichteffekte. Zu dick aufgetragen? Keinesfalls. Im Inneren des Bergs tickte lange eine Zeitbombe - inzwischen ist sie unter Kontrolle. Auf der einst größten Deponie der Stadt lagern 14 Millionen Kubikmeter Müll, davon sind 200.000 Tonnen hochgiftig. Von dem gefährlichsten aller Gifte sind es 4,5 Kilogramm. Die aber würden ausreichen, um ganz Schleswig-Holstein zu kontaminieren.

Das Seveso-Gift Dioxin gilt als einer der giftigsten Stoffe, die jemals hergestellt wurden. In ihrem Buch „Zeitbombe Chemie“ veranschaulichen die Chemiker und Fachautoren Hanswerner Mackwitz und Barbara Köszegi die

Schadpotenz des Giftes an einem bizarren Beispiel: „Man nehme ein Kaninchen von zehn Tonnen Lebendgewicht, etwa so groß wie ein Kranwagen. Schon ein Stecknadelkopf Dioxin genügt, um dieses Riesentier zu töten."
Aber um die fatalen Folgen von Dioxin für den Menschen zu begreifen, muss man gar nicht in die Fabel- und Tierwelt abschweifen. Es genügt ein Blick nach Vietnam. Denn dort versprühten die US-Militärs das dioxinhaltige Entlaubungsgift „Agent Orange". Noch heute, vierzig Jahre nach Kriegsende, werden in Vietnam Kinder mit massiven körperlichen und geistigen Behinderungen geboren, die eine Spätfolge des Gifts sind. Was Hamburg damit zu tun hat? Eine Komponente von „Agent Orange" produzierte das Zweigwerk von Boehringer Ingelheim in Hamburg-Moorfleet, die Abfälle der Produktion landeten auf der Mülldeponie Georgswerder.
Die Geschichte des Areals als Deponie begann nach dem Zweiten Weltkrieg. Bis dahin war die Fläche für die Landwirtschaft genutzt worden und während des Kriegs als Flakstützpunkt. Nach 1945 wuchs auf der flachen Wiese zunächst ein Berg aus Trümmerschutt, später kam Hausmüll hinzu - und ab 1967 hochgiftige Industrieabfälle wie Lösungsmittel oder Chlorwasserstoffe. Die Giftbrühe verklappte man in Becken, die mit Hausmüll aufgefüllt wurden. Dieser sollte die Brühe aufsaugen. 1979 wurde die Deponie dann geschlossen. Doch mit dem Regenwasser sickerten die Gifte in das Grundwasser. 1983 erlebte die Stadt Hamburg ihren bis dato größten Umweltskandal: Aus der Deponie Georgswerder trat Dioxin aus. „Der gefährlichste Berg der Welt" titelten die Zeitungen. Hamburgs Bürgermeister und die erst 1978 gegründete Umweltbehörde waren ahnungslos. Erst seit 1971 hatte es so etwas wie eine Buchführung über die Sonderabfälle in Georgswerder gegeben, mit Eintragungen über die Zugänge

von Industriemüll und Protokollen von Probenentnahmen. In der Buchhaltung war aber überwiegend nur festgehalten worden, was die Zulieferer über ihre Fässer angegeben hatten. Und das war meist die schlichte Kennzeichnung „Chemiemüll" - ohne weitere Angaben. Ab Mitte der 1980er Jahre wurde die verseuchte Erhebung mit einer Folie abgedeckt, damit kein Regenwasser mehr eindringen konnte. Drainagen fangen das dioxinhaltige Sickerwasser auf. In zwei Hallen direkt hinter dem Besucherzentrum werden sowohl das Grund- als auch das Sickerwasser gereinigt. Wie lange das noch nötig sein wird, vermag kein Mensch zu sagen. Das separierte Dioxin landet nun in der Müllverbrennung Borsigstraße hinter dem Kraftwerk Tiefstack. Die Schornsteine der Anlage in Billbrook sind vom Energieberg aus in Richtung Osten zu sehen. Sie werden noch sehr viele Jahre rauchen.

Altlasten bleiben lange jung

Das Dioxin im Müllberg Georgswerder ist lediglich die Spitze des sprichwörtlichen Eisbergs. Nur wenige Kilometer entfernt liegt die Andreas-Meyer-Straße 31-35. Auf dem Gelände in Billbrook parken Lastwagen. Nichts deutet darauf hin, dass unter der 80.000 Quadratmeter großen Asphaltfläche erhebliche Mengen hochgiftiges Dioxin liegen, eingegossen in einen Betonsarg aus achtzig Zentimeter dicken Wänden. Bis heute befinden sich die Rückstände aus der Produktion des Chemiekonzerns Boehringer, der hier unter anderem das Pestizid Lindan herstellte, in Boden und Grundwasser.

Lange war es dem Unternehmen gelungen, der Öffentlichkeit Informationen über die Gefahren in seiner Giftküche vorzuenthalten. Lieber versorgte man die Belegschaft kostenlos mit Tabletten gegen Kopfschmerzen. Dabei war es bei Boehringer in Billbrook bereits in den 1950er Jahren zu schweren Unfällen gekommen. Unbehelligt konnte der Chemiekonzern zudem in den 1960er Jahren über eine Kooperation mit dem US-amerikanischen Unternehmen „Dow Chemical“ Komponenten für das Entlaubungsgift „Agent Orange“ an die US-Armee liefern; Mitglied der Geschäftsführung war zu dieser Zeit der ehemalige Bundespräsident Richard von Weizsäcker.

Der Chemieunfall im italienischen Seveso 1976 lenkte die öffentliche Aufmerksamkeit dann aber doch auf die tödlichen Gefahren des Dioxins. Allerdings führten erst die massiven Proteste der noch jungen Umweltschutzbewegung - unter anderem besetzten Greenpeace-Aktivisten den Fabrikschornstein von Boehringer in Billbrook - 1984 zur Schließung der Giftküche. Für viele Mitarbeiter kam das zu spät. Bis heute leiden sie unter den Folgen. Wenn sie nicht längst gestorben sind.

Unweit des ehemaligen Werksgeländes, auf der anderen

Seite der A1, gibt es einen Golfplatz. Eine kleine Straße führt zu seinem Eingang. Ihr Name: Boehringerweg.
Fünf Jahre vor der längst überfälligen Schließung Boehringers hatte bereits ein nicht minder schwerer Umweltskandal über die Grenzen Hamburgs hinaus für Aufsehen gesorgt: Am 6. September 1979 wurde ein Einfamilienhaus am Lüdersring 137 in Lurup von einer gewaltigen Explosion erschüttert. Diese tötete einen elfjährigen Jungen und verletzte dessen Bruder sowie einen Freund schwer. Die Kinder hatten mit Chemikalien hantiert, die sie auf dem Gelände der Fabrik „Dr. Hugo Stoltzenberg" gefunden hatten. Dafür hatten sie unweit ihres Wohnhauses nur durch den durchlöcherten Zaun des Grundstücks an der Ecke Farnhornstieg / Hellgrundweg steigen müssen.
Was die Experten nach der Explosion im Lüdersring auf dem Gelände fanden, versetzte die Stadt in Angst und Schrecken: Munition, Zyankali, Tabun-Granaten, dreißig Liter weiterer Kampfgase und Berge von Rauchgranaten. Insgesamt 120 Tonnen Gift und Kampfstoffe wurden entsorgt. Über Wochen mussten Anwohner ihre Wohnungen räumen. Sportveranstaltungen im Volksparkstadion fielen aus. Getoppt wurde die Gefährlichkeit der Stoffe nur von der Arglosigkeit der Behörden, die dem Treiben des Dr. Stoltzenberg und seines Nachfolgers jahrelang untätig zugesehen hatten.
Und genau diesem Versagen verdankt die Stadt bis heute zahlreiche weitere Orte mit hochgiftigen Altlasten, ob bleiverseuchte Böden unter Kleingartenanlagen in Bramfeld, Arsen auf dem Gelände einer ehemaligen Mülldeponie in Lokstedt oder Benzol, Schwermetalle und Lösungsmittelrückstände auf dem Gelände des Altonaer Bahnhofs, wo heute die „Neue Mitte" des Stadtteils entsteht.

Osterbekkanal / Schleidenbrücke, Winterhude

Ein perfekter Mord? Der Lottomillionär im Ölfass

Ruderer, Kanuten, Stand-Up-Paddler, Tretbootfahrer – wenn es in Hamburg warm wird, herrscht reger Verkehr auf dem Osterbekkanal. Am 9. November 1984 trieb hier ein ungewöhnliches Objekt im Wasser: ein großes, schwarzes Fass. Was man zunächst als ein kleines Umweltdelikt hätte interpretieren können, entpuppte sich als Mordfall mit gehörigem Gruselfaktor. Denn nachdem das Fass geborgen worden war, fand man darin nicht etwa entsorgten Sondermüll, sondern den gefesselten, einzementierten und blutüberströmten Körper eines Mittvierzigers.

Karl-Hinrich Lienau war im Jahr zuvor zum Lottomillionär geworden, hatte einen Teil seines Gewinns in kanadischen Wertpapieren angelegt und sich seinen Traum vom eigenen Nachtclub verwirklicht. Er war Teilhaber des „Jingle" in Pinneberg geworden, wo er manchmal selbst beim Bierausschank aushalf. Im ersten Stock über der Disko hatte „Charlie" Lienau eine kleine Wohnung bezogen. Dort bewahrte er in einem geheimen Versteck seine Wertpapiere auf. Einen Tag vor dem Fund im Osterbekkanal war Lienau verschwunden, ebenso der Aktenkoffer mit den Wertpapieren. Die Kripo wurde eingeschaltet, doch die konnte nicht viel herausfinden: Das Fass, in dem die Leiche steckte, stammte von einem Händler in Billbrook und hatte 191,52 D-Mark gekostet. Eine Zeugenaussage beschrieb die Käufer als zwei Männer mittleren Alters. Alles Weitere blieb im Dunkeln.

Dreißig Jahre später rekonstruierte der Journalist Matthias Rebaschus, der schon als junger Reporter über diesen Fall berichtet hatte, den Mord an Lienau. Seine Chro-

nik, für die er als Erster Einsicht in die ungeschwärzten Akten der Hamburger Staatsanwaltschaft erhalten hatte, zeichnete ein Bild Lienaus, das dessen harmloses Sonnyboy-Image konterkariert. So hatte der Lottomillionär, gegen den ein Zwangsvollstreckungsverfahren lief, seinen Gewinn gegenüber Finanzamt und Gläubigern verschwiegen. Außerdem fuhr Lienau mit gefälschtem Führerschein, und die Diskothek „Jingle" plante er zum Bordell umzuwandeln. Seine Kontakte ins Rotlichtmilieu schienen dabei zunächst hilfreich gewesen zu sein. Letztlich sind ihm seine neuen Partner aber wahrscheinlich zum Verhängnis geworden. Etwaigen Tatverdächtigen, darunter zwei Männer mittleren Alters aus dem unmittelbaren Umfeld des „Jingle", konnte nichts nachgewiesen werden.
„Es erscheint wie ein perfekter Mord", so der Oberstaatsanwalt Peter Schwien in Rebaschus' Artikel. Doch hätten die Täter wirklich perfekt agiert, wäre das Fass auf den Grund der Osterbek gesunken und vielleicht gar nicht erst gefunden worden. So halten die Ermittlungen im Fall Lienau bis heute an. Alle paar Jahre wird die Akte des „Fasstoten aus dem Osterbekkanal" erneut geprüft. Denn Mord verjährt bekanntlich nicht.

Impressum

Junius Verlag GmbH
Stresemannstraße 375
22761 Hamburg
www.junius-verlag.de

© 2016 by Junius Verlag GmbH
Copyright für Fotografien: Thomas Henning
Alle Rechte vorbehalten.

Gestaltung und Satz: Thomas Henning
Druck und Bindung:
Grafisches Centrum Cuno GmbH & Co.KG
Printed in Germany

1. Auflage 2016
ISBN 978-3-88506-754-2

Bibliografische Information der
Deutschen Nationalbibliothek
Die Deutsche Nationalbibliothek verzeichnet
diese Publikation in der
Deutschen Nationalbibliografie; detaillierte
bibliografische Daten sind im Internet über
http://dnb.d-nb.de abrufbar.